Ich glaube,
ich hatte
es schon

Mittermeier, Michael

Michael Mittermeier

ICH GLAUBE, ICH HATTE ES SCHON

DIE CORONA-CHRONIKEN

Kiepenheuer & Witsch

Inhalt

»Wer lachen kann, dort wo er
hätte heulen können,
bekommt wieder Lust zum Leben.«

WERNER FINCK

Once Upon a Time in Corona ...

»Die Menschen glauben fest an das,
was sie wünschen.«
GAIUS JULIUS CÄSAR

Ich sitze im Zug nach Leipzig und schaue aus dem Fenster. Am Tisch gegenüber sitzt ein Mann mit Maske, der seit zehn Minuten telefoniert. Businesskasper mit Schalldämpfer. Endlich hört er auf. Stille. Er verzieht sein Gesicht, holt Luft, es sieht aus, als müsste er gleich niesen, sein Kopf bebt, der ganze Oberkörper, plötzlich reißt er sich die Maske vom Gesicht und – hatschi!

Aus den Nasenflügeln pfeift noch ein leises »Aerosole Mio«.

Ich schaue ihn sehr ernst an, und er sagt nur: »Wenn ich die Maske nicht abgenommen hätte, dann wäre jetzt alles da drin.«

»Äh, das ist der Clou dabei.«

Er zuckt nur mit den Schultern.

»Ich glaube, ich hatte es schon.«

»Was?«

»Ja, ich bin durch.«

»Okay. Und?«

»Was und?«

»Wie war's?«

»Hab nichts gespürt.«

»Aber warum wissen Sie dann, dass Sie es hatten?«

»Ist so ein Gefühl.«

»Haben Sie sich schlecht gefühlt?«

»Nein.«

»Warum dann dieses Gefühl?«

»Kann ich nicht erklären, aber normalerweise täusche ich mich in so was nicht.«

»In Gefühlen, die keine sind?«

»Ich glaube halt, dass ich's hatte.«

»Kennen Sie denn Menschen, die es hatten?«

»Nö.«

»Waren Sie an einem Ort, wo man später festgestellt hat, dass es da verbreitet wurde?«

»Nein.«

»Wo hätten Sie sich dann anstecken können?«

»Überall.«

»Dann glaube ich, ich hab's jetzt auch ...«

Begrüßung auf Pandemisch

Servus! Herzlich willkommen zu diesem Buch. Ich weiß gerade gar nicht: Ist das die richtige Begrüßung? Ist Servus vielleicht schon zu nah? Ist Duzen noch okay oder verletzt man damit schon die Abstandsregeln? Ist Siezen vielleicht eine Art Mundschutz im Schriftlichen und verabschiedet man sich in Briefen bald »mit virenlosen Grüßen«? Und wer vor Ihnen hatte dieses Buch eigentlich in der Hand? Was?! Sie sind ja leichtsinnig!

Die Corona-Zeit hat einige etwas seltsam anmutende Grußformen hervorgebracht. Den Ellbogengruß zum Beispiel! Wer hat den eigentlich erfunden? Ein echter Philanthrop kann's nicht gewesen sein. Statt einen festen Händedruck zu bekommen oder umarmt zu werden, wird einem plötzlich freundlich, aber doch bestimmt, der Ellbogen entgegengestreckt oder besser: entgegengebeugt. Das ist eine Bewegung, die ich aus Filmen mit Bruce Willis kenne, und die dort meist zur abrupten Beendigung eines Gesprächs dient, inklusive Auswechslung der oberen Zahnreihe. So sollen wir uns begrüßen? Das ist alles, was der Menschheit während einer Pandemie einfällt? Mit Ellbogen? Vor Kurzem haben wir uns noch alle über die Ellbogengesellschaft aufgeregt und jetzt wird sie pantomimisch dargestellt, als ob es kein Morgen und kein Übermorgen gäbe. Die Begrüßung sieht aus wie ein einarmiger Ententanz. Werde ich so begrüßt, sage ich höflich: »Ellbogen mache ich nicht, ich winke lieber und schaue in die Augen.«

Die Standardreaktion, übrigens von denselben, die den Macarena früher kommentarlos durchgezogen haben, ist immer: »Ich find's ja auch doof, aber es machen halt alle.«

»Gut, dann bin ich die Ausnahme, die die Pekingenten-Regel bestätigt.«

Dann kommt vom etwas verunsicherten Gegenüber als Begrüßungsvariante oft der unbeholfene Fußtipper-Versuch. Wir Menschen haben uns jahrtausendelang entwickelt, erst evolutionär auf allen vieren fünfe gerade sein lassen, um irgendwann aufrecht zu gehen – und das ist nun das Ergebnis? Vive l'évolution! Auf allen Viren! Das Fußtipper-Hallo: Ein Bein wird wackelig nach vorn bewegt, in der Erwartung, dass das Gegenüber gleichzieht. Dabei hört man: »Soll man ja dreimal machen.« What? Ich tippe doch keinem menschlichen Wesen dreimal mit meinem Fuß unbeholfen an seinen. Diese Bewegung bleibt weiterhin fest reserviert für Badezimmermülleimer - oder ihre Entsprechungen in der Tierwelt: diese kleinen kläffenden Hunde, die einem zu nah kommen. Man kennt diese mutierten Hamster, die, wenn sie aufrecht stehen, einer Ratte direkt in die Augen schauen können. Ältere Frauen oder Midlife-Crisis-Männer laufen mit ihnen auf dem Arm herum.

Später kam noch die Faust als Begrüßungsform dazu. Der Fist-Bump. Von der Ellbogengesellschaft zum Faustrecht. Konsequente Weiterentwicklung ...

Ich achte bei Begrüßungen auf die Unantastbarkeit der Menschenwürde. Lasst uns doch mal wieder gegenseitig freundlich offen in die Augen schauen! Statt ein bloßes »Hallo« ein »Ich sehe dich!« – »Ich dich auch!« – »Schön, dass wir uns mal wieder gesehen haben!« – »Tschüss!«

Hatschi! Entschuldigung, ich musste kurz niesen, natürlich in die Armbeuge. Auch ein brandneuer Move, an den man sich gewöhnen musste. Ich habe Wochen gebraucht und fast drei Freunde verloren, bis mir klar wurde: Es muss die eigene sein. Den finde ich jedoch sinnvoll, weil man so andere nicht dadurch ansteckt, dass man seine Niesergebnisse zwischenparkt. In meiner Armbeuge hatte sich übrigens in den ersten Wochen ein Feuchtbiotop entwickelt, für das ich bei den Grünen einen Krötentunnel beantragt hätte können. Ich habe es dann als Schul-Biologie-Projekt meiner Tochter zur Verfügung gestellt.

Ich hoffe, dass sich alle Leserinnen und Leser vor der Lektüre dieses Buchs geduscht haben. Als Autor wünscht man sich mit allen Wassern gewaschene Leserinnen und Leser.

Viele mussten nach dem Lockdown erst wieder lernen, sich der Außenwelt in olfaktorisch akzeptabler Form zu präsentieren. Man war ja halb Mensch, halb Jogginghose. Social Distancing mit 1,5 Metern war oft etwas zu eng gedacht – nach einer Woche ohne körperliche Hygiene hätte es auch ein bisschen mehr sein können. Deshalb waren auch einige verwirrt, als die Hygiene-Demos losgingen. War das jetzt gegen oder für Hygiene? Waren das neoliberale Duschdas-Revolutionäre oder antisozialistische Silberfischchen-Züchter? Auf diesen Demos liefen viele Gestalten rum, denen ich nicht ungeduscht begegnen möchte. Einige skandierten: »Freiheit oder Tod!« Was für ein Tod sollte das sein? Durch Erstinken?

In der Zeit der Ausgangsbeschränkungen hatte Duschen so viel Priorität wie Klammerblues. Die morgendlichen Verbrauchsspitzen haben sich laut Energieversorgern immer weiter nach hinten geschoben. Insgesamt wurde aber mehr Wasser verbraucht als sonst – weil es draußen so trocken war. Lieber die Pflanzen gießen als sich selbst, war das Motto. Stinken für die Umwelt! Es war auch mehr oder minder egal, solange die ganze Familie dabei mitgemacht hat. Man war ja hauptsächlich daheim. Ab und an Supermarkt, aber das ging auch mal mit einer halben Flasche 4711. Das ist übrigens das, womit der amerikanische Präsident sofort gurgeln würde, um sich zu schützen.

Aber auch optisch haben sich in dieser Zeit die Menschen verändert. Manche Leute hat man nicht mehr wiedererkannt beim Bäcker. Selbst solche, die sonst extrem auf ihr Styling achteten, haben ihre Wohnungen im Catweazle-Gedächtnis-Modus verlassen: Die Olchis haben Ausgang! Da wusste man oft nicht mehr genau, wer geht da eigentlich mit wem Gassi? Vor dem Supermarkt hat mich mal ein Mann mit seinem Ellbogen begrüßt, den ich noch nie gesehen hatte. Ich dachte erst, das ist einer, der nur einen Euro von mir will. Doch an der Stimme erkannte ich plötzlich: Das war mal mein Banker. Insofern passte das mit dem Euro auch.

Ich muss zugeben, ich fand es in den ersten Wochen schon auch schön, mal so richtig zu verlottern. Gott, habe ich gern gestunken! Wie *Rock am Ring* für zu Hause. Nur ohne Mucke und Dixi Klos. Freiwillige Selbstverwackung. Quasi Rockfestival im Home Office. Irgendwann merkte man das auch selbst gar nicht mehr. Aufgefallen ist es mir erst, als der Paketbote sich weigerte, zur Tür zu kommen, und das Paket in Sicherheitsabstand vor dem Haus ablegte. Anti-Social-Distance-Delivering!

»Herr Mittermeier, das weht jetzt aber wirklich zu weit!«

»Ich rieche nix!«

Es war so schön im Smelldown – im Dunste unserer Anti-Fa-Lebensform (ich meine das Duschgel). Unheimlich fand ich, dass ich plötzlich im Internet immer öfter eine bestimmte Werbung angezeigt bekam. Ein Werbespot für ein 96-Stunden-Deo. Ja, das gibt's wirklich! Mit dem Slogan »Invincible Man Anti-Transpirant«. Wow! Unbesiegbar ist man eh in so einem Verlotterungszustand. Weil dich niemand angreift. Da hat man keine natürlichen Feinde mehr, die sich im Nahkampf messen wollen. Vielleicht ist das ja auch von der Natur so vorgesehen. Quasi biologische Notwehr. Wenn Körperkontakt gefährlich ist, dann versucht der Körper, sich in einen

Zustand zu versetzen, in dem andere ihn nicht berühren wollen.

Ich habe mich jedenfalls gefragt, ob das Deo wirklich so lange hält. Es gibt einen Film mit Liam Neeson, der heißt *96 Hours*. Ich weiß nicht, ob da ein Zusammenhang besteht – jedenfalls sind darin am Ende alle tot, die ihm begegnet sind. Hier noch ein Hinweis für alle, die nicht so gut in Mathe waren: 96 Stunden sind vier Tage. Vier Tage Riechschutz. In Corona-Zeiten vielleicht sinnvoll, aber wer ist vorher die Zielgruppe gewesen: Leute, die gut riechen wollen, sich aber vier Tage nicht waschen? Wer braucht so was? Leute, die im Stall schlafen, bis Inka Bause sie abholt? Ich warte jedenfalls darauf, dass ein Deo rauskommt mit einem Namen wie *Cliff Corona Times* oder *Axe Anti-Virus*.

Vor dem nächsten Kapitel gibt es nun die Möglichkeit, sich noch mal frisch zu machen. Ich sage nicht, dass ihr müsst, aber schön wär's schon ...

Komiker auf Entzug

Lockdown bedeutete für mich Lachdown. Das war der Tag, ab dem ich für längere Zeit nicht mehr auf einer Bühne stehen und Menschen zum Lachen bringen durfte. Ich war dann zwölf Wochen und vier Tage ohne Auftritte. Das hatte ich in 34 Jahren Tour noch nie. Das war wie drei Monate ohne Sex. Und Selbstbelustigung funktionierte auch nur bedingt. Nicht mal vorm Spiegel: »Hey, Michl, kennst du den schon?«

»Ja, den habe ich selbst geschrieben!«

Die einzigen Comedians, die in dieser Zeit auftraten, standen vorn bei den Corona-Demos oder waren Administratoren der Telegram-Gruppe. Ich hatte so einen Pointen-Stau. Es musste raus. Zu Hause wurde es immer schwieriger. Und sicher nicht nur bei uns. Dachte denn niemand an die gesamtgesellschaftlichen Folgen? Auf der ganzen Welt haben Komikerinnen und Komiker ihre Familien unglücklich gemacht, indem sie versuchten, wohnsystemrelevante Partnerinnen, Partner und Kinder als Witzableiter zu nutzen. Wie Crash Test Dummies im Windwitzekanal, und ich war die Wand, die auf sie zuraste. Inventar-Inventur. Meine Frau sagte schon nach einer Woche zu mir: »Noch einen Witz und du bist tot!« Daran gab's nicht viel zu deuten. Und meine zwölfjährige

Tochter ist in der Vorpubertät, das ist ein schwieriges Publikum. Vorpubertät ist die Übergangsjacke. Meistens falsch und nie schön. Da ist es egal, was ich zu ihr sage. Ihre Standardreaktion war immer ein Satz mit tödlich gelangweiltem Unterton: »Ha, ha, sehr witzig, Papa!« Das ist hart für einen Komiker, wenn man das 30 Mal am Tag hört. Zu dem Spruch kam dann noch ein wie zufällig-abfälliges Zischgeräusch in einer Lautstärke wie ein Gasleck auf offener See und ein Augenverdrehen, bei dem selbst die besessene Linda Blair neidisch werden und der Exorzist kampflos aufgeben würde.

So blieb mir nur mein Kater Neo übrig. Ein harmloser Hundewitz? Vielleicht würde er ja lachen. Und was hat der gemacht? Setzte sich demonstrativ vor mich hin, hob ein Bein über den Kopf und leckte sich den Hintern. Ich spreche nicht perfekt felidaeisch, aber es gab wohl nur eine Bedeutungsmöglichkeit: »Der Witz war für die Katz!«

Das war der Moment, in dem ich meinen ersten Autokino-Auftritt zugesagt habe. Endlich wieder unter Menschen ... wenn auch mit metallener Ganzkörpermaske. Quasi Premium-Vollgesichtskaskoschutz. Irre, was zu Corona-Zeiten plötzlich wieder auftaucht: Autokinos, Plastiktüten ... Eva Herman. Zum Auftritt trudelten auch die ersten Interviewanfragen ein. Das allererste Gespräch begann gleich mal höchstgradig investigativ: »Herr Mittermeier, erzählen Sie doch mal einen lustigen Corona-Witz!«

Sehr gern! Der Pointen-Serial-Killer in mir war geweckt. Mein erstes Opfer – so haben wir's bei *Das Schweigen der Lämmer* gelernt – lag nah: Die Corona-App. Sie besitzt viel Humorpotenzial! Witzappeal! Fast 15 Millionen Menschen hatten sie damals bereits runtergeladen. Ich dachte erst: Corona-App, was ist das? Tinder für Kranke? Statt wischen nun desinfizieren? Wäre wie Tinder umgekehrt: Hier siehst du schon *vor* dem Match, wer in deiner Umgebung eine Infektion hat. Safer Sexting.

Sicherheit ist generell wichtig in so einer Zeit. Ich hatte mit meiner Tochter vor einem Fahrradausflug eine große Diskussion zu diesem Thema. Ich wies sie als guter Vater an: »Setz bitte den Fahrradhelm auf!«

»Der sieht aber blöd aus!«

»Das stimmt nicht, pink-gelb steht dir super!«

»Warum setzt du dann keinen Helm auf?«

»Weil ich damit blöd aussehe!«

»Booaah!«

Aber ich habe dann noch mit echten Fakten argumentiert: »Erwachsene brauchen keinen Helm, weil Erwachsene härtere Köpfe als Kinder haben.«

»Warum haben dann erwachsene Bauarbeiter einen Helm auf?«

»Weil hier in Deutschland Kinderarbeit verboten ist.«

»Ha, ha, ha!«

Geht doch …

Rausch als Lösung

»Meine Definition von Glück?
Keine Termine und leicht einen sitzen haben.«
HARALD JUHNKE

Pandemie macht durstig. Ich weiß, man gibt's nicht gern zu oder war zu betrunken, als dass man sich daran noch gut erinnern könnte: Aber die meisten haben in der ersten Zeit zu viel runtergekippt. Und? Kommt was? Lichtet sich der Schleier der eigenen hochprozentigen Geschichte? Come on! Lasst den Heiligen Himbeergeist aus der Flasche! Lüpft die Schnapsburka! Als der Krisenwärter, Söder I., mit dem großen Hygieneschlüssel das öffentliche Leben abgeschlossen hatte, saß man plötzlich daheim. Allein. Mit Familie. Man wusste nicht, wie lange das andauern würde, aber man ahnte: Das wird ein längerer Aufenthalt. Es wurde schnell klar, dass diejenigen, die zu Hause auf der Couch rumsaßen, der gesamte Cast der gesamten ersten Staffel *Daily Home Soap* sein würden. Haushaltsfremde Statisten oder Gaststars waren nicht erlaubt.

Erst kam die Ratlosigkeit, gefolgt von Verwirrtheit, dann Panik, schließlich die vermeintliche Ruhe nach und vor dem Sturm. Dann der Alkohol. Und plötzlich lagen R-Wert und Promillewert immer stabil bei 2. Nach ein paar Tagen habe ich gemerkt: Es ist egal, wenn man sich am frühen Nachmittag schon mal ein Weißweinchen oder zwei ... drei oder fünf genehmigt. Es gab ja keine Termine mehr, keine geschäftlichen Telefonate, kein Tagesziel. Und täglich grüßte das Murmeltier. Es heißt ja, Corona sei ein Brennglas. Die Wahrheit ist, es ist ein Schnapsglas. Für wen hätte man sich auch nüchtern halten sollen? Für die Familie? Hey, das Wetter war schön, und unbeschwert leicht beschwipst in die Sonne zu blinzeln, war mein neues Hobby. Ich war vorher nie ein Weißweintrinker vor Feierabend, aber in der Zeit änderte sich das. Und Feierabend war für mich dann um 12:40 Uhr. Rotwein hätte einen zu früh zugebrettert. Ein bisschen fit musste man schon sein, man hatte immerhin ein abendliches Date mit James Bond. Und mit Netflix. Netflix ist der Computernerd-Cousin von Asterix. Der Bruder von Streamix. Wie hätten wir denn eine Pandemie zum Beispiel im Jahr 1980 überstanden? Ohne Internet? Dafür Rudi Carell und Kurt Felix in Dauerschleife. Hardcore! In einer Zeit ohne Impfstoff sind Netflix, Sky und Amazon Prime Video ein wirksames Sedativum, sodass Mutti den Papa erst nach der nächsten Staffel erschlägt. Man guckt ja gerade so schön zusammen.

12:40 Uhr – Feierabend – Wein rein. Das ging so bis zum Ende der Osterferien. Wie Kurt Tucholsky mal so schön gesagt hat: »Schade, dass man Wein nicht streicheln kann.« Aber ich habe mein Bestes gegeben. Ich war so dermaßen kuschelig drauf, dass meine Frau zu mir gesagt hat, sie würde auch gern mal so gekrault werden wie die Flaschen. Ich habe die Streicheleinheiten dann schrittweise weiter erhöht. Auch bei meiner Frau. Es war eine schöne Zeit. Äußere Hygiene auf ein Minimum runtergefahren, dafür intensives inneres Duschen. Man hat's ja selbst gar nicht mehr so bemerkt, dass man betüddelt war. Zum Glück hat meine Frau mitgemacht: Wir haben unseren Eheschwur so was von ernst genommen: Man muss zusammenstehen und zusammen trinken. Irgendwann fragte unsere Tochter: »Papa, Mama, wer hat denn die ganzen leeren Weinflaschen in den Flur gestellt?«

Wir beide unisono: »Keine Ahnung! Irgendjemand.«

»Aber außer uns dreien war doch niemand hier drin.«

Wir haben sie angestrengt angeguckt: »... und wer bist du eigentlich?«

In den anderen deutschen Bundesländern und in Österreich und der Schweiz wird diese Geschichte sicher sehr unterschiedlich aufgenommen. Außerhalb Bayerns ist Alkohol als Thema anders besetzt. Nur um mal die Grundlagen zu klären: Meinen ersten richtigen Rausch hatte ich mit zwölf. Einige sind nun vielleicht geschockt. Aber die bayerischen Leser denken jetzt: »Mei, er hat halt spät angfangt.« Zu meiner und meiner Eltern Verteidigung muss ich erwähnen, dass es kein bewusster Rausch war nach dem Motto: »Ich bin zwölf und es wird endlich Zeit, dass ich mich mal ins Koma saufe.« Ich habe einfach auf dem heimischen Volksfest von allen Verwandten die Noagerl aus den Maßkrügen getrunken.

In Bayern kannst du auch schon als Sechsjähriger fragen: »Papa, darf ich des Noagerl austrinken?«

»Ja, freilich, ein Noagerl geht immer, ha, ha, ha!«

Aber nach dem zehnten Noagerl wird's halt dann dünn für einen Zwölfjährigen. Weiß jede Leserin und jeder Leser, was ein Noagerl ist? Das ist dieser letzte Rest abgestandenes Bier im Maßkrug. Oder wie wir Bayern sagen: frisches Kölsch.

Alkohol ist natürlich ein komplexes Thema, aber es ist nicht mein Job, hier eine allumfassende kritische Analyse zu präsentieren und über die Gefahren aufzuklären. Ich bin Komiker und kein Wissenschaftler oder Arzt. Wendet euch ans Fernsehen, ich habe gehört, dort soll ein Hirsch hausen. Ich bin kein Role Model, sondern nur ein humoristischer Spiegel(-Trinker) der Gesellschaft.

Als ich aufgewachsen bin, gehörten Alkohol und Rausch zum guten Ton. Sogar im Kinderfernsehen. Zum Beispiel *Pumuckl*. Der Meister Eder hat den kleinen Kobold dauernd mit Bier abgefüllt: »Da geh her, Pumuckl, du hast rote Haare, du bist ein Ire, du kannst saufen!« In der Folge *Pumuckl und der verhängnisvolle Schlagrahm* ist dem Bub der Nachbarin schlecht und der Meister Eder – der Arzt, dem die Kinder vertrauen – empfiehlt sofort als altes Hausmittel: »Ja, da hab ich doch eine gute Medizin! Da kriegst jetzt einen Magenbitter auf ein Stück Zucker.« Bayerische Schluckimpfung! Der Nachbarsbub wurde schlagartig wieder gesund und zog sich einen zweiten Zuckermagenbitter rein. So was gäbe es im heutigen Kinderfernsehen nicht mehr! Wo kriegt man denn heute noch einen Handwerker her?

Bei Pumuckl wurde auch noch die ganze Zeit geraucht, der Meister Eder hat sich dauernd eine angezündet. Meine Theorie ist: Der Pumuckl war gar nicht unsichtbar, sondern die Bude war so verqualmt, dass man nichts mehr gesehen hat. Das T-Shirt vom Pumuckl war in der ersten Folge ja auch noch nicht gelb. Heute würde der Pumuckl 2.0 nicht in einer Schreinerei sein Unwesen treiben, sondern in einer Werbeagentur, als Assistent vom Meister Werber, hängen geblieben nicht am Leim, sondern an den klebrigen Botschaften des Marketings, und er würde statt Sägespäne Koks schnupfen. So hibbelig wie Pumuckl immer drauf war, würde man gar keinen Unterschied zu den Werbefritzen sehen.

Da wir gerade bei Drogen waren ... Keine Angst, zu den leeren Weinflaschen im Flur kamen keine leeren Spritzen dazu! Aber ich war dann mal weg an Ostern. Zwei Tage. Im Grunde wie Jesus. Also schon in der Wohnung, aber weg. Ich weiß nicht mehr genau wo, aber es war schön dort. Meine Frau hatte sich CBD-Tropfen besorgt als natürliches Schmerzmittel für eine Schulterverletzung und als Einschlafhilfe. Wirkt entkrampfend, entzündungshemmend und angstlösend. Nicht zu verwechseln mit CDU-Tropfen. Da sind die Nebenwirkungen und Folgeschäden noch ungeklärt. Hier nehme ich mal meinen Lehr- und Lachauftrag ernst. Der Wikipedia-Schorsch sagt zu CBD: »Cannabidiol ist ein nicht psychoaktives Cannabinoid aus dem weiblichen Hanf.«

Ganz ehrlich, ich wusste nicht, dass beim Kiffen jetzt auch schon gegendert wird. Einen Wiki-Zusatz zu CBD habe ich noch vergessen: »Weitere pharmakologische Effekte wie eine antipsychotische Wirkung werden erforscht.« Und da kam ich ins Spiel. Als Forscher. Und obwohl völlig unwissend, habe ich den Forschungsauftrag ernst genommen.

Bei dem CBD-Öl, das meine Frau bekommen hat, gibt es verschiedene Stärken. Also ganz leicht mit 5 % oder richtig bumstiwumsti mit 20 %. Von den 5 % kann man schon mal zwischen 5 bis 10 Tropfen nehmen, von den 20 % aber maximal einen als Tagesdosis. Das habe ich auch gemacht. Ich Schussel hatte aus Versehen nur die beiden Fläschchen vertauscht. Ich dachte, dass man die Dosis der leichten 5-%-Tropfen noch etwas erhöhen konnte, und habe mir das Doppelte der 5 bis 10 Tropfen reingezogen. Aber, wie sich dann rausstellte: aus Versehen vom 20-%-Öl. Ergab in etwa die empfohlene Hardcore-Höchstdosis mal 12! Ich habe mir quasi einen doppelten Bill Cosby ohne Eis gemixt. Dazu noch eine Flasche Wein streicheln, dann glaubt man auch wieder an den Osterhasen. Den ich dann wirklich tatsächlich gesehen habe. Aber schon am Karfreitag. Zusammen mit dem Pumuckl. Deswegen ist es mir auch aufgefallen, dass irgendwas hier nicht stimmt. Ich war für zwei Tage als soziales Wesen nicht mehr zu gebrauchen. Meine Frau hat es meiner Tochter zu erklären versucht: »Der Papa ist deswegen so desolat, weil er zu viel von dem CBD eingenommen hat.«

»Was ist CBD?«

»Das sind die guten Drogen.«

»Aha!«

»Leider muss man auch für die schlauer sein als der Papa.«

Das hat in unserer Tochter mental weitergearbeitet. Wenige Wochen zuvor hatte sie in der Schule das Thema Alkohol, Rausch und Drogen durchgenommen. Rausch und Drogen sind natürlich ein sehr wichtiges Thema für mich als Vater. Meine Tochter ist ja zwölf. Ups, da kommt gerade ein Erinnerungs-Noagerl hoch. Jedenfalls saßen wir am Tag danach beim Abendessen, und da fragte Lilly plötzlich: »Mama, Papa, habt ihr denn schon mal Drogen genommen?«

Mir ist vor Schreck der Joint aus dem Mund gefallen. Nein! Das ist ein Moment, in dem du dir denkst: Dieser Dialog sollte doch eigentlich andersrum laufen? Und ich wollte noch etwas ablenken: »Ja, Lilly, ähm, definiere Drogen!«

Sie hielt einen Vortrag auf Basis ihres Schulwissens: »Drogen alias halluzinogene Substanzen mit Wirkung auf die Bewusstseinslage, kognitiven Fähigkeiten, Wahrnehmung, Affekt und Verhalten oder anderer psycho-physiologischer Funktionen.«

Ich war erschrocken: »Oh, mein Gott, Ranga Yogeshwar hat von meiner Tochter Besitz ergriffen!«

Sie bohrte nach: »Ja, habt ihr denn jetzt schon mal Drogen genommen?«

Ich blickte meine Frau an: »Ja, Gudrun, haben wir denn schon mal Drogen genommen?«

Mütter sind in solchen Dingen klarer, und meine Frau sagte ganz ruhig: »Ja, wir haben schon mal Drogen genommen.«

Wer glaubt, dass man mit so einer einfachen Antwort bei Kids durchkommt, hat eindeutig zu viel genommen. Lilly hakte nach: »Was habt ihr denn für Drogen genommen?«

Ich fragte meine Frau: »Ja, Schatz, was haben wir denn für Drogen genommen? Sei ehrlich. Hanf aufs Herz.«

»Lilly, wir haben immer nur natürliche Drogen genommen.«

Da konnte ich nur brav beipflichten: »Ja, natürlich!«

Meine Tochter fragte mich: »Papa, was sind denn natürliche Drogen?«

»Alles, worauf kein Smiley oder Gesicht ist.«

Ich höre nun auf mit den Scherzen, das ist ein ernstes Thema, das man in der Erziehung auch seriös behandeln sollte. So habe ich dann meiner Tochter ins Gewissen geredet, schließlich erforderte der Lockdown eine besondere Offenheit: »Lilly, wenn dir mal in der Schule jemand Drogen anbietet, dann erzählst du mir das bitte sofort! Weißt du, ich habe gerade echt einen Engpass!«

Die Spieler von Catan

Es ist übrigens nicht nötig, das Jugendamt wegen elterlicher Alkoholexzesse im Hause Mittermeier zu rufen. Ich glaube nicht, dass wir mehr als der Durchschnitt der Bevölkerung getrunken haben. Wobei niemand wirklich wissen will, wo dieser Durchschnitt lag. Natürlich hat Alkohol auch negative Auswirkungen, das will ich hier gar nicht verhehlen. Für mich endete die nachmittägliche Weinprobe in einer totalen Wettbewerbsverzerrung.

Wir haben in der Zeit der Ausgangsbeschränkungen wieder angefangen zu spielen. Jeden Nachmittag um vier Uhr war Family Game Time! Also etwa 3 Stunden 20 Minuten nach Feierabend. Ich habe zwar die *Herr-der-Ringe*-Version von *Risiko* im Internet bestellt, aber erstens konnte keiner mehr in Zeiten des Infektionsschutzes das Wort »Risiko« hören und zweitens: die wahren Schlachten um Mittermeiers Mittelerde wurden ausgefochten bei *Siedler von Catan*. Das *Spiel des Lebens* ging auch nicht, denn sechs Leute gleichzeitig in einem Auto waren ja nicht erlaubt. Es begann ein Siedler-Gemetzel in Catan ohne natürliches Ende. Ich wollte wirklich gewinnen! Immer! Aber von insgesamt 47 Runden (ja, ich habe mitgezählt!) habe ich bisher insgesamt nur eine gewonnen. Meine Frau und Tochter behaupten, bei diesem Spiel hätten sie mich aus Mitleid siegen lassen. Was soll der Mist! Bei so etwas verstehe ich keinen Spaß! Genauso wenig, wenn meine Tochter nach jeder gewonnenen Partie siegestrunken Jubeltänze aufführte: »Tschuldigung, Papi, ich freue mich halt so!«

»Danke! Vielleicht ein bisschen Rücksicht nehmen auf die Verlierer in der Gesellschaft? Wie viel Reichtum kann man anhäufen? Das heißt Catan, nicht Katar!«

»Papi, magst noch einen Wein?«

»Frag nicht. Gieß ein!«

Ich habe meine Tochter in der Catan-Zeit dreimal enterbt. Das ist die letzte Waffe, die man als wehrloses Elternteil auffahren kann. Die Pershings im Waffen-Arsenal gegen die Vorpubertät. Im Atomwaffen-Business geht's ja mehr um die Abschreckung. Was hätte ich denn zum Beispiel anders machen sollen, als meine Tochter mir meine mühsam gebaute längste Handelsstraße zum überlebenswichtigen Weizen mit den Worten verbaute: »Mei, da kann ich ja nichts dafür, selbst schuld, dass du da hinwillst.« Da war bei mir Schluss und ich drohte: »Wenn du das machst, dann enterbe ich dich!«

Ihr Konter: »Tja, dann werde ich dich später im Altersheim wohl nicht besuchen.«

»Pah, egal, im Moment dürftest du das auch gar nicht wegen Corona!«

Als Antwort hustete sie in meine Richtung – ohne Armbeugevorsorge.

Ich wich aus: »Was soll das jetzt?«

»Kleiner Hinweis, wer von uns beiden näher an der Risikogruppe dran ist.«

Mach nie ein Set-up, das du nicht gewinnen kannst! Und was ist die große Lehre aus dem Ganzen? Weißwein ist definitiv kein Rohstoff, der einem in Catan weiterhilft. Setz auf Weizen! Nein, nicht Hefeweizen.

Als es plötzlich in der Krise hieß, »Hefe ist aus«, herrschte Panik in Bayern. Shit, wir haben kein Weißbier mehr! Wir werden verdursten! Weißbier ist der Weißwein unter den Bieren. Nur wir Bayern nennen es so, der Rest der Republik hat sich auf den Begriff Hefeweizen geeinigt. Warum auch immer. Ich finde den Begriff »Hefeweizen« so was von dämlich für Weißbier. Ich will nicht, dass man ein Getränk nach seinen Zutaten benennt. *Red Bull* ist ja auch keine rote Ochsenschwanzsuppe! Und *Capri-Sonne* heißt ja auch nicht Orangefarbene-Würfelzuckerlösung-im-bunten-Katheterbeutel. Vom Zuckerwasserinhalt abgesehen finde ich *Capri-Sonne* übrigens sehr beeindruckend: Man entfernt den mit einem Popel angeklebten Strohhalm und sticht an. Aber genau in die perforierte Öffnung! Nur einen Millimeter daneben, keine Chance, da würdest du eine Stahlnadel brauchen. Wäre übrigens ein guter Test für Chirurgen vor einer OP, um zu überprüfen, ob sie zittern: »Hey, Doc, hier ist eine *Capri-Sonne*. Und wenn du sie öffnen kannst, dann darfst auch operieren!«

So, Feierabend! Eine neue Runde für die Weißweinweizenspieler von Catan …

James Bond hat keine Zeit
zum Sterben

Wir hätten es ja eigentlich wissen müssen. Spätestens an dem Tag, an dem angekündigt wurde, dass die Welt-Premiere des neuen James-Bond-Films verschoben wird. Wegen Corona. James Bond macht einen Rückzieher? Das hat der noch nie gemacht. Bondus Interruptus? No fucking way! Der hat doch noch nie einen Rückzieher gemacht. Nicht im Kampf und nicht im Bett. Gut, Kampf und Sex gingen bei ihm oft fließend ineinander über. Die Bond-Girls waren im Regelfall Kampf- und Geschlechtspartnerinnen in einem. Im Grunde die Mensch gewordene Corona-Party: Sieht nach Spaß aus, kann aber tödlich enden. James Bond konnte jede Situation mit seinem halb aristokratischen britischen Charme zu seinen Gunsten drehen. Da würden selbst Hardcore-Tinderer weinen. Zum Beispiel *Im Angesicht des Todes* sagt Bond zu Jenny Flex (die heißt wirklich so, das würde ich mich nicht trauen zu erfinden): »Nun, meine Liebe, ich sehe, dass Sie ganz schön viel Zeit im Sattel verbringen.«

Jenny ist da flexibel (sorry, das ist von mir) und entgegnet: »Ja, ich liebe einen Ritt am frühen Morgen.«

Wie reagiert nun ein echter Gentleman-Geheimagent

Ihrer Majestät? (Wie kann man Style und Geilheit miteinander verbinden? Mit echter Steilheit.)

»Nun, ich bin auch ein Frühaufsteher.«

Als ich den Film im Lockdown mit Lilly gesehen habe, musste ich prompt erklären, warum er so gern früh aufsteht.

Ist eigentlich außer mir noch jemandem aufgefallen, dass zu der Zeit plötzlich dauernd alte Bond-Filme im Fernsehen liefen? Egal in welchen Kanal ich geschaltet habe: Zapp – ein alter Bond. B-007 hat sich schneller verbreitet als SARS-CoV-2. Ich habe mich gefragt, warum? Wollte man uns Hoffnung machen? So nach dem Motto: »Schau, wie oft die Welt schon fast untergegangen ist wegen eines Bösen, aber am Ende ging es gut aus« oder wollte man uns davon ablenken, beim Thema Engländer nicht an Boris Johnson in Quarantäne zu denken? Es ist übrigens schade, dass so gut wie niemand *Im Geheimdienst Ihrer Majestät* geschaut hat. Das ist der mit George Lazenby. George wer? Genau! Ausgerechnet in dem Film geht es um tödliche Viren, die von einem Ort in den Alpen aus verbreitet werden sollen. Klingt das vertraut? Was hätten wir uns für Stress erspart, wenn James Bond in Ischgl gewesen wäre! Gut, wir hatten schon Engländer im Auslandseinsatz. Aber das war das Sangria-SWAT-Team in Magaluf.

Wahrscheinlich wurden die Bond-Filme in Dauerschleife gesendet, um uns im Alltag abzulenken. Als innovativer Beitrag zur Gender-Debatte konnte es nicht gedacht gewesen sein. James Bond ist die ultimative männliche Projektionsfläche. Jeder Trottel, bei dem der letzte Rest Selbstbewusstsein entwichen ist, hat auf seinem Handy ein Poser-Foto mit Fingerpistole. Erbärmlich. Meins zeigt ihn beziehungsweise mich immerhin am thailändischen Original-Drehort von *Der Mann mit dem goldenen Colt*. Hilft ja nix.

Bond ist der Held der Männer. Schon allein, weil er nie aufräumen muss. Wenn meine Tochter ihren Raum so hinterlassen würde wie der seine Hotelzimmer, hätte sie einigen Erklärungsbedarf. Aber 007 darf das. Er hat die Lizenz zum Töten und den Freibrief zur Schlamperei.

Man muss es an dieser Stelle auch mal sagen, wie es ist: James Bond ist ein Bumser! Ihr werdet euch fragen, was ist eigentlich ein Bumser? Das ist einer, der immer bumst. Erklärung beendet. Vor Kurzem erst habe ich erfahren, dass Türklinkenpuffer, diese Plastiknoppen, die man an die Wand klebt, damit beim Türaufmachen die Klinke nicht die Wand kaputt macht, einen sehr speziellen Namen haben: Bumsinchen. Bumsinchen, klingt das nicht sehr nach Bond-Girl?

Im Moment wird ja diskutiert – Daniel Craig wird als Bond aufhören –, wer der neue Bond werden soll. Im Pitch sind Idris Elba, ein Schwarzer, oder – große Quoten-Diskussion – eine Frau. Ich fände eine Mrs Bond super. Schon allein wegen Multitasking. Die kann gleichzeitig bumsen und SMS schreiben ...

Dann würde jedoch ein Geheimnis nie gelüftet werden: Ich habe mir immer so gewünscht, dass man die Gespräche zwischen Bond und gleichnamigen Girls hört, nachdem sie in der Schlussszene mit dem Helikopter oder Boot aus der zerstörten Basis des jeweiligen Superschurken abhauen. Leider schneiden die das immer weg – Szenenwechsel – Eisbärfell. Worüber sprechen James und Bumsinchen? Ist das so wie bei Claus Kleber und Gundula Gause, wenn das *Heute Journal* vorbei ist?

Aber zurück zur Anfangsüberlegung: Als James Bond verschoben wurde, hätten wir die Information logisch deuten müssen, dann hätten wir gewusst, dass uns bald die Viren um die Ohren fliegen werden. Da braucht man keinen Orakel-Schorsch. Es war auch nicht irgendein verschobener Bond-Film. Sondern der Jubiläums-Bond, der fünfundzwanzigste! Als ich 25 wurde, hätte ich mir von keinem Virus der Welt meine Party versauen oder verschieben lassen. Mit 24 Jahren und 364 Tagen hatte ich nur einen Gedanken: »Was kostet die Welt?«

Und egal wie viel auf dieser Rechnung gestanden hätte. Gekauft! *Die Welt ist nicht genug.*

Als James Bond seine Premiere weltweit absagte, wurde klar, verdammt, jetzt wird's wirklich ernst. Der 25. Bond-Film heißt übrigens *Keine Zeit zum Sterben.* Wie bitte? *Keine Zeit zum Sterben* wurde verschoben? James Bond, du Weichei! Wegen eines Virus, das heißt wie eine Weltübernahmemaschine, die Blofeld gebaut hat?

»Mr Bond, dieser COVID-19 wird alle Energiewellen auf der Welt verändern und sämtliche Atomwaffen und digitalen Informationen aller Weltregierungen werden in mein Arsenal übergehen. Sie sind am Ende, Mr Bond! Sie dürfen bloß nicht auf der COVID-19 diesen roten Knopf drücken. Dieser Knopf da seitlich von dem Display. Denn sonst wäre ich am Ende. Also nicht da draufdrücken! Ich fessle Sie mal so, dass Sie sich unrealistisch, aber vielleicht doch so kurz vor knapp eventuell noch befreien könnten. Aber auch in diesem unwahrscheinlichen Fall: nicht auf den roten Knopf drücken!«

Und ganz ehrlich, ich verstehe es immer noch nicht: James Fucking Bond lässt sich verschieben wegen eines Virus? Der hat 24-mal die Welt gerettet und plötzlich: »Öch, öch, ich glaube, ich brauche ein Beatmungsgerät, ich huste schon«?

Was kommt denn dann als Nächstes? James Bond hat eine Katzenhaarallergie? Blofeld, der übrigens wieder dabei sein wird, streichelt seine fette weiße geheimnisvolle Angorakatze, ein Albino-Garfield für Arme, James kitzelt es schon in der Nase, die hinterlistige Arschlochkatze würgt ein giftiges Haarbällchen hoch und spuckt es mit tödlicher Präzision Richtung Bond. Der geht in die Knie.

»Hatschiii!«

Blofeld blafft böse: »Bitte in die Armbeuge, Mr Bond!«

Sehen Sie nun: »*Keine Zeit zum Niesen!*«

Wollten wir so was wirklich sehen? Dass James Bond nicht ganz so taff ist, wie er immer tut, das hätte man schon seit *Der Spion, der mich liebte* wissen können. Rausgefunden hat das Felicca, wohl eines der entbehrlicheren Bond-Girls: »Sie sind etwas misstrauisch, Mr Bond.«

»Lieber etwas misstrauisch als etwas tot.«

Das könnte auch ein Satz eines Ober-Virologen sein bei einer Corona-Pressekonferenz. Gib Gott, dass keiner von denen zur anderen Seite wechselt, denn sonst heißt's noch: »James Bond – 007 jagt Dr. Drosten!«

Jedenfalls finde ich, man sollte den 25. Bond noch mal zeitgemäß umbenennen in *Keine Zeit zum Infizieren*. Wenn der Daniel Craig das mitmacht, dann kriegt er einen Kasten Weizenbier von mir ...

Verschwörung über den Wolken

Bedanken können wir Komiker uns bei Verschwörungstheoretikern. So leichte Beute kriegt man sonst nur im Streichelzoo. Verschwörungstheorien sind aufgeblüht wie Fußpilz bei einer Teenager-Jungs-Fußballmannschaft während der Regenzeit. Verschwörungstheoretiker wie Attila, der Dummenkönig Hildmann, Xavier-Weg-Naidoo und Barbie-Ken-Jebsen warfen sich sofort mit bemerkenswertem Wahn- und Dumpfsinn in die Bresche der Vernunft. Einige nannten sich »Corona-Rebellen«. Der Begriff wäre eigentlich nicht schlecht: Gegen Corona kann man gern rebellieren. Habe ich persönlich nichts dagegen, denn der Corona-Sepp ist eine Drecksau. Aber es ist ein bisschen so, wie wenn ich die »Wetter-Rebellen« gründen würde, die sich dagegen erheben, dass es regnet, wenn ich grillen will, oder die »Nacht-Rebellen«, die sich auflehnen gegen dieses ständige Dunkelsein in der Nacht, was ja offensichtlich nur passiert, weil jemand nachts nicht gesehen werden will!!!

Doch den Corona-Verschwörungsideologen ging es um etwas ganz anderes, deshalb müssten sie sich ganz anders benennen. Vielleicht »Demokratie-Rebellen« – aber von echter Demokratie haben sie so viel Ahnung wie Friedrich Merz vom Busfahren. Vereint sind sie im Hass auf Angela Merkel. Sie sei der Teufel persönlich. Attila sagte sogar: »Adolf Hitler war ein Segen im Vergleich zu Angela Merkel.« Auf einer Demo war ein Schild zu sehen: »Angela Merkel ist Hitlers Tochter!« Really? Und Xavier fährt auf seinen Autobahnen. Ein Anti-System-Demonstrant hielt sogar ein Foto der Kanzlerin hoch und hatte ihr ein Hitlerbärtchen auf die Oberlippe gemalt. Echt jetzt? Freunde, wenn Angela Merkel einen Bart haben will, dann lässt die sich einen wachsen! Und zwar nicht nur so ein kleines schwarzes Vegetarier-Quadrat, sondern einen echten Hipster-Bart, eine Taliban-Gedächtnis-Hecke.

Aber noch mal zu Attila und seinen kleinen Hunninnen und Hunnen. Er will ja Anführer eines Volksaufstandes gegen die Regierung sein und sieht sich als neuen Staatschef. Auf Instagram verkündete er: »Niemand wird mich brechen. Irgendwann regiere ich dieses Land!« Als ich das las, musste ich brechen. Allerdings hat er als Führer in spe einen Anfängerfehler gemacht. Als er bei einer seiner Demos vor das Reichstagsgebäude vorfuhr, mit seinem Panzer, einem Leopard Porsche GT3, und mit Megafon zur Revolution aufrief, warfen seine Gefolgsleute vor allem neidische Blicke auf sein Auto. Es sah aus wie bei einem Pauschalurlaub auf Malle, wenn Touristen vor einem All-you-can-eat-Buffet stehen und der Küchenchef sagt: »Nur gucken, nicht anfassen!« Es haben dann alle Selfies gemacht – mit dem Porsche –, um die Revolution zu visualisieren. Vielleicht hätte Hildi nur versprechen müssen, dass jeder, der mitmacht, einen 911er bekommt. Dann wär was los gewesen! Mein lieber Schwan! Oder, meine liebe von Storch. Wäre auch als Strategie einfacher gewesen, anstatt zu erklären, dass wir Menschen alle gechipt werden sollen. Laut Verschwörungs-Handbuch für Fortgeschrittene soll unser Ego in eine Cloud hochgeladen werden. Das muss da ja auch erst mal reinpassen. Die Verbindung dazu in unseren Körpern wird ermöglicht durch Impfung und die in dem Impfstoff enthaltene Nanotechnologie stellt die Verbindung her zur Cloud. Capisce? »Now we're going to start with some happy little clouds«, wie schon der große Philosoph Bob Ross sagte. Und wer ist den Verschwörungstheoretikern zufolge an allem schuld? Bill Gates. Ihr Lieblings-Diss ist nämlich ein abgewandelter Slogan: »Gib Gates keine Chance!« Da sage ich: »Gib Vollidioten keinen Computer!« Eine Frage sei erlaubt: Wenn ich doch der reichste Mann der Welt bin, warum genau jetzt sollte ich eine neue Weltordnung wollen? Und wenn schon ein neues System etabliert werden soll, warum sollte das ausgerechnet von dem kommen, der *Windows* erfunden hat?

Ich glaube: Genauso wichtig wie die Corona-App wäre eine Deppen-App. Ich hätte gern so was wie WhatsDepp. Eine Dapp, die mir anzeigt, ob sich in meiner unmittelbaren Nähe gerade ein Volltrottel aufhält, der mich geistig infizieren könnte. Gut, fairerweise muss man erwähnen: Die Restaurantkritiken der Pommesbuden um die Ecke bei *Yelp* sind streng genommen genau das. Meine lieben Verschwörungs-Fetischisten: Euch kann ich nur sagen, was mein Mathe-Lehrer immer gesagt hat: Es reicht nicht, einfach irgendeine Antwort hinzuschreiben – ich will die Herleitung sehen, einen Beweis, Freunde! Und wer dann auch noch falsch abgeschrieben hat, ist eh raus. Also, ich will demnächst das YouTube-Video sehen, wie und mit welchen Geräten einer sein Ego in die Cloud lädt. Und dann dieses eine Selfie mit Wolken machen lässt und es auf Facebook postet: »Nano-Nano!«

So, jetzt fühle ich mich schon etwas besser, zumindest die Anti-Verschwörungs-Pointen sind nun raus. Ich war schon auf Turkey wie eine Amerikanerin oder ein Amerikaner an Thanksgiving. »Kalter Truthahn« – das haben wir gelernt im Film *Christiane F. – Wir Kinder vom Bahnhof Zoo* – bedeutet, dass man mangels Drogen Entzugssymptome zeigt. Wie zum Beispiel Frieren: Gänsehaut. Daher der Begriff. Als Komiker fordere ich: Nie wieder kalter Truthahn! Und bei der Forderung könnte nicht mal Attila Hildmann meckern.

Komaschauen mit Star Wars

»Waaawwuuuaaahhhh.«
CHEWBACCA

Ich dachte, ich hätte meine Sucht lange überwunden.
Aber der TV-Junkie brach wieder voll bei mir durch. Ich
hatte keine Chance. Es gibt einfach Zeiten, da tut es gut,
in die Fluten der bewegten Bilder einzutauchen. Wir be-
schlossen, abends der Wirklichkeit zu entfliehen. Aber
was wird als Familie geguckt? Große Preisfrage. Der Anfang unseres gemeinsamen Fernsehtrips war schwierig.
Unsere Präferenzen gingen auseinander. Höflich dachte
ich: Frag dein Kind.

»Lilly, was möchtest du denn am allerliebsten anschauen?«

»Ich möchte Zombies sehen.«

Ich war etwas überrascht.

»Geht's noch? Im Moment brauchen wir am allerwe-
nigsten Zombies!«

In der ersten Woche der Ausgangsbeschränkungen bin
ich mal mit dem Fahrrad durch München gefahren. Echt
spooky. Es war wie bei einer klassischen Zombie-Apoka-
lypse. Leere Straßen und die wenigen Menschen, die rum-
liefen, bewegten sich seltsam. Gut, da sagen jetzt vielleicht
einige: Wäre ein ganz normaler Tag in Niederbayern.

Ich habe ja eine Zombie-Phobie und wollte meine Kleine beschützen.

»Zombies sind noch nichts für dich!«

Aber meine Tochter erklärte mir: »Nein, Papa, *Zombies* ist cool, das ist ein Disney-Musical!«

»Also so was wie *Highschool Musical* für Untote?«

»Ha, ha, sehr witzig. Das *Zombies*-Musical spielt auf einer Highschool. Die Zombie-Studenten sind die Underdogs und das Normal-Menschen-Girl Addison, eine süße Cheerleaderin, verliebt sich dabei in Zombie Zed.«

»Was? Der Zombie-Sepp? Was kommt als Nächstes? Glitzernde Vampire?«

»Nein, Papa, du verstehst das nicht! Die beiden überwinden zusammen alle Vorurteile und zeigen so schließlich, dass Zombies und Cheerleader eigentlich gar nicht so verschieden sind.«

»Ja, das habe ich vorher auch schon gewusst! Beide brauchen dringend mehr Hirn.«

Und ich wusste auch, dass ich nun eine Mission hatte. Der Auftrag: Lilly einführen in die großen Filmklassiker! *Michl Impossible.*

(VORSICHT: DIESES BUCH WIRD SICH INNERHALB VON FÜNF SEKUNDEN SELBST ZERSTÖREN!)

Ich spürte das Erwachen der Macht in mir.

»Lilly, ich habe einen Plan für die nächsten Tage, wir schauen *Star Wars!*«

»Nööö, ich mag das nicht anschauen!«

Auf so etwas muss man natürlich erzieherisch reagieren und inhaltlich einwandfrei argumentieren.

»Doch, das magst du schon! Alle Kinder mögen *Star Wars*.«

»Ich nicht!«

»Doch!«

»Und warum?«

»Weil halt. Und du wirst sehen, du wirst es lieben! Wir beginnen mit den alten – also dem ersten *Star-Wars*-Film, das wäre dann Teil IV.«

»Papa, das ist nicht logisch«

»Der Regisseur hat sich damals halt gedacht, ich fange mal in der Mitte an, denn ich habe eine große Vision. So wie beim Burger, da ist der beste Teil auch in der Mitte. Die alten Filme sind Kult, die habe ich noch als Kind im Kino gesehen!«

»Gab es damals überhaupt schon Kino?«

Darth Vader hat für die junge Generation nicht mehr die Bedeutung wie für uns *Star-Wars*-Natives. Ich war elf Jahre alt, als ich den ersten Teil im Kino gesehen habe. 1977. Darth Vader war damals für mich der ultimative Bösewicht, gut, zusammen mit dem Teufel, den uns der Religionslehrer alias Pfarrer in der dritten Klasse eingetrieben hat. So eine kleine Grundangst vor Darth Vader ist immer noch in mir drin. Ich hatte mal eine Begegnung mit der dunklen Seite der Macht an einer Straßenkreuzung, die Fußgängerampel war rot. Neben mir hielt ein Auto. Ein schwarzer Smart mit getönten Scheiben. Ist das schon mal irgendjemandem aufgefallen? Ein schwarzer Smart mit getönten Scheiben sieht original aus wie der Kopf von Darth Vader! Und ich wollte

immer schon mal sehen, was im Helm von Darth Vader steckt. Das war meine Chance, so nah würde ich nie
wieder drankommen. Sei mutig, Jedi-Michl! Es mag etwas kindisch gewesen sein, aber ich habe beim Fahrer
geklopft. Die Scheibe fuhr mit einem metallischen Ge-
räusch runter. Am Steuer saß ein kleiner alter Mann.
Nein, er war nicht grün, hatte keine spitzen Ohren, nicht
Yoda, sondern einfach ein kleiner alter Mann. Er schaute
mich fragend an, und ich habe nicht nachgedacht und
das ausgesprochen, was mir als Erstes durch den Kopf
schoss: »Bei Rot halten du musst!«

Sofort war's mir peinlich; ich wollte mich gerade ent-
schuldigen, da schaut mich der kleine alte Mann streng
an.

»Am Arsch lecken du mich!«

Trotzdem wollte ich meine Tochter nun in diese weit
entfernte Galaxis einführen.

»Wenn, dann will ich lieber die neuen Filme sehen.
Die alten sind nur was für Jungs oder alte Leute.«

»Entschuldigung, ich bin 53!«

»Ja, das heißt fast 60!«

»Mit 53?«

»Du wirst in zwei Wochen 54, also fast 60.«

»Habt ihr in der Schule nicht gelernt, dass man erst
ab der 5 hinter dem Komma aufrundet? Bei 3 oder 4
wird abgerundet.«

»Papa, dafür hätte ich jetzt gern eine Herleitung und
einen Beweis.«

Sie weiß, dass ich an Mathematik keine Erinnerung

mehr habe. So sagte ich den mythologischsten Eltern-
satz seit Anbeginn der Zeit.

»Manchmal muss man dich halt zu deinem Glück
zwingen. Lilly, ich bin dein Vater.«

Ja, es tut mir leid, aber was hätte ich tun sollen? Und
hätte ich es nicht getan, dann hätte ich nicht einen der
schönsten Momente meines Fernsehlebens erlebt.

Also, es war einmal in einer fernen Galaxis ... Schon
der Vorspann wurde von meiner Tochter kommentiert.

»Ist das ein Lese-Film?«

»Bleib ruhig, Michl.«

Einige Raumkreuzer, Droiden, und eine Prinzessin
später folgte der Moment, auf den ich sehnsüchtig ge-
wartet hatte. Darth Vader kam ins Bild. Metallisches
Schnaufen erfüllte die Luft. Als Bub habe ich da voller Ehrfurcht im Kino gesessen. Die Reaktion bei meinem Nachwuchs war anders, als ich mir das vorgestellt
hatte.

»Papa, der schwarze Mann mit Maske klingt nicht
gut!«

»Bitte?«

»Ja, der hat einen Respirator.«

»Was?«

»So ein Beatmungsgerät, das gerade so dringend be-
nötigt wird in Krankenhäusern. Der Arme ist sicher Risikogruppe, der ist sicher schon fast 60! Abgerundet!«

»Darth Vader ist der ultimative Böse!«

»Aber dem geht's doch schlecht, der schnauft so komisch, dem muss man doch helfen.«

»Dem muss man nicht helfen, der baut gerade einen Todesstern!«

»Du sagst immer zu mir, man muss versuchen, allen Menschen zu helfen.«

»Also ganz ehrlich, wenn du dem hilfst, dann, dann enterbe ich dich.«

»Schon wieder!«

Und so kam es, dass meine Tochter in der Pandemie enterbt wurde. Liebe Eltern, bitte merken: Wenn man mit etwas droht, dann muss man es auch umsetzen!

Superspreader im Supermarkt

»Ich hab die Menschen schon wie Zombies
gemieden, noch bevor sie Zombies waren, doch
jetzt, wo alle Zombies sind, vermiss ich die
Menschen irgendwie.«
ZOMBIELAND

Noch vor Kurzem kannten wir die Wörter »Lockdown«, »Quarantäne« oder »Ausgangsbeschränkungen« nur aus Science-Fiction-Filmen, in denen man sich am Schluss gegenseitig aufisst. Trotzdem habe ich weiterhin mehr Angst vor der Dummheit der Menschheit als vor Corona. Die Dummheit hat ja bislang auch jede Impfung überlebt. Ich fand die Maßnahmen sinnvoll – manchmal müssen wir vor uns selbst beschützt werden. Ich habe meine Tochter gefragt: »Und wie findest du das?«

»Zwingen die uns jetzt zu unserem Glück, so wie du sonst bei mir, wenn ich *Star Wars* angucken soll?«

»Genau. Stell dir von jetzt an vor, ich wäre dein Ministerpräsident.«

Am härtesten griffen die Regierenden in Bayern und Österreich durch. Kurz & Söder. Klingt wie ein heftiges Mittel gegen Sodbrennen. In Österreich wurde sofort eingeführt, dass offiziell nicht mehr als fünf Personen in einer Gruppe zusammenkommen dürfen. Ich war etwas verwirrt. Hieß das, dass eine Familie mit vier Kindern dann eins vor die Tür stellen müsste? Und wie reagieren die Wollnys auf so was?

Plötzlich ging's ab bei uns. Es wurde gestritten *Für eine Handvoll Hefe*. Leute, die die vergangenen fünfzig Jahre mit Mühe und Not eine Tiefkühlpizza im Backofen heiß gekriegt haben, fällt mitten in der Pandemie ein: »Ach ja, ich muss mich ab sofort nur noch von Brot ernähren!« Und weil nicht nur Liebe durch den Magen geht, sondern auch Angst, Kacka wie der Triceratops in *Jurassic Park*. Menschen prügelten sich fast um Klopapier. Bei einem Supermarkt in unserer Nähe wurden einzelne Rollen abgepackt verkauft – mit einem bunten Schleifchen drum herum. Shit! Oder besser Single Shit. Am Regal hing ein Post-it mit »Nicht so viel essen!«. Offenbar formierte sich Widerstand ...

Ich hatte während des Lockdowns mehrere unheimliche Begegnungen im Supermarkt. Zwei kann ich nicht vergessen: Am Tag nachdem bei uns in Bayern die Ausgangsbeschränkungen angekündigt wurden, bin ich – wie alle – in den großen Supermarkt gefahren. Noch mal Großeinkauf machen. Wer sollte denn sonst noch auf so eine Idee kommen? Die Bilder dazu werde ich nicht mehr vergessen. Zuvor hatte ich ähnliche Szenen in dem Film-Remake des Zombie-Klassikers *Dawn of the Dead* gesehen. Eine Gruppe Gehirntoter versucht, in einen Supermarkt reinzukommen, um dort Nahrung zu finden. In Dosen und in Hirnen. Ich war nun einer von ihnen. Aus Vorsicht habe ich meine Tochter im Auto gelassen: »Wenn ich in drei Stunden nicht zurück bin, ist was passiert – dann musst du allein heimfahren.«

»Kann ich dann dein iPad Pro haben?«

»Äh ja, nein, ich komm schon wieder.«

»Und wenn nicht?«

»Positiv denken.«

»Ich werde dich vermissen, Papa!«

War das Wahrheit oder Pflicht? Hmm. Bei ihrem nächsten Satz wurde mir klar, dass ich im Popularitäts-Ranking mit technologischen Geräten nicht auf Augenhöhe stehe: »Lass doch bitte auch dein neues Handy im Auto, dann kann ich im Notfall die Mama anrufen.«

Wie sollte ich dann um Hilfe rufen, wenn mir was passierte? Wer weiß, vielleicht würde ich es ja nicht mal bis zur Wursttheke schaffen. Oder dort im schlimmsten Fall als Gesichtswurst enden. Mit lächelndem Mund. Ja, ganz der Komiker.

Zum ersten Mal gab es einen Türsteher bei Edeka. Bei fucking Edeka!!! Die härteste Tür noch vor dem Berghain. Rein durften nämlich nur Kunden, die einen Einkaufswagen ergattern konnten, und die waren limitiert auf etwa ein Viertel der sonst üblichen Anzahl. Trotzdem ging es zu wie beim Autoscooter auf dem Rummel. Ein freundlicher älterer Herr, der zugesehen hatte, wie ich mich von meiner Tochter am Autofenster verabschiedete, übergab mir seinen Trolley mit den Worten: »Junger Mann, Sie haben noch Ihr Leben und das Ihrer Tochter vor sich!«

Okay. Sogar mehr als okay. Erhobenen Hauptes bin ich am Edeka-Bouncer vorbei.

»Ich stehe auf der Gästeeinkaufsliste!«

So. Drinnen. Super. Wie benimmt man sich beim Einkaufen, wenn alle pan-damisch sind? Bester Tipp, den ich heute geben kann, ist: Schau niemals – ich wiederhole: niemals – während eines Sommerpandemieschlussverkaufs einer anderen Person in die Augen! Egal aus welchem Grund. Jeglicher Augenkontakt wird sofort als Aggression gewertet. In der Haushaltswarenabteilung stand ich vor dem Regal mit den Geschirrspültabs und wollte gerade die letzte Packung herausnehmen, als sich von der Seite eine Hand blitzschnell an mir vorbeistreckte und sie ergriff. Ich sah verblüfft nach links in Gollum-Augen.

»Das ist … mein Schatz!«

»Wie bitte?«

»Was schauen Sie mich denn so blöd an?«

»Ich wollte Sie nicht anschauen.«

»Hat ja dann nicht wirklich geklappt, oder?«

Ich gab ihm einen Augenverdreher, für den mich sogar meine Tochter abgefeiert hätte. Dazu das Gasleck auf hoher See.

»Chchchchch!«

»Was wollen Sie eigentlich von mir? Halten Sie bloß Abstand!«

»Entschuldigung, aber über die Augen kann ich Sie nicht anstecken.«

»Ich würde da lieber auf Nummer sicher gehen.«

Was hat der denn gedacht? Dass ich plötzlich zum Extrem-Christen mutiere? Und der Bibel folge? Matthäus 5, 29–30: »Wenn dich dein rechtes Auge zum Bösen verführt, dann reiß es aus« und wirf es deinem Gegner in die Augen – um ihn so zu infizieren? Da würde er dann aber Augen machen! Mein Gegenüber verschwand mit den Geschirrspültabs wie Graf Dracula beim ersten Sonnenstrahl mit einem geklauten Holzpflock. Und ich stand ohne da. Meiner Frau hatte ich vollmundig versprochen, so viele Tabs mitzubringen, dass wir bis Weihnachten durchkommen. Viel wurde über das Hamstern von Klopapier und Nudeln gesprochen. Aber was wirklich überall aus war in den ersten Wochen, waren: Spülmaschinen-Tabs! Alle weg! Ich lief in Panik zu einer Verkäuferin und habe gefragt, ob sie noch welche auf Lager hätten. Die blickte mich mit großen Augen an.

»Und wenn es geht, bitte die *Finish Quantum Powerball Ultimate*, das sind die Besten!«

Stille. Es setzte Italo-Western-Duell-Musik ein.

»Was glauben Sie, wo Sie hier sind?«

»Im Edeka?«

»Haben Sie schon von Corona gehört? Was nicht im Regal ist, ist nicht da.«

»Hätte ja sein können.«

»Ha, ha, sehr witzig!«

Für einen kurzen Moment durfte ich meinen Beruf spüren. Das war immerhin der größte Lacher, den ich für die nächsten Wochen bekommen sollte.

Nach meiner Supermarkt-Extreme-Experience bin

ich zum Einkaufen nur noch in kleine Geschäfte gegangen, um größere Menschenmengen zu vermeiden. Also Bäckerei, Metzgerei, Obst-Gemüse-Laden. Natürlich ist man auch dort im Kleinen nicht sicher vor dem großen Irrsinn der Menschen. Ich stand in meiner Stamm-Bäckerei beim Brot. Vor mir eine Mutter mit einem Kind. Das nieste die ganze Zeit und hustete. Nach dem dritten Nieser – oder sagen wir besser: Regenschauer – sagte die Mutter biologisch-halbherzig zu ihrem Sohn: »Bitte in die Armbeuge niesen, Anakin-Merlin!«

Ich erfinde diesen Namen nicht. Was soll so was? Kann man solche Eltern eigentlich gerichtlich belangen für die Namensgebung? So ein Name muss zu Schizophrenie führen! Ich sehe den Kleinen doch schon zwölf Jahre später mit einer Pumpgun an der Tanke. Ja, Merlin ist der gute Zauberer für die Ritter der Tafelrunde von König Arthur, aber Anakin Skywalker hatte zwar mal als Jedi-Ritter die Gute Macht in sich, aber aus dem wird dann später Darth Vader. Wer nennt sein Kind nach dem Mädchennamen von Darth Vader? Jemand, der nur zwei Filme der Trilogie gesehen und sich den dritten gespart hat? Der kleine Anakin rotzte und motzte seine Mutter an: »Ich will aber nicht in die Armbeuge niesen, das ist eklig. Hatschi!!!«

Der gesamte Bereich an der Theke zwischen Käsekuchen und Brötchen war kontaminiert. Der Kleine hat rausgehauen wie ein Superspreader. Dieses Bild schoss mir in den Kopf. Ich hatte ein paar Tage zuvor im Fernsehen einen Bericht darüber gesehen, dass die Hauptgefahr nicht ist, dass einzelne Menschen das Virus an einzelne Menschen weitergeben, sondern dass Einzelne es auf ganz viele übertragen. Die nennt man Superspreader. Ein starkes Wort. Die Bedeutung hat sich allerdings mit Corona verändert. Superspreader gab es früher nur im Pornofilm. Diese Typen, die bei ihrem Szenen-Abschluss noch auf 1,5 Meter Distanz gehen: »Ich schalte jetzt gleich meinen Kärcher ein, ho, ho!« Das hat mich technisch schon immer fasziniert. Ich gebe es zu, ich bin kein Superspreader. Bei mir ist es mehr: »Die Gießkanne hat ein Leck.«

In der Bäckerei war Klein-Anakin mittlerweile im Todesstern-Nies-Modus. Die Verkäuferin fragte: »Ist er denn krank, der Kleine?«

Die Mutter tat es ab: »Nein, ich glaube, er ist ein bissel erkältet.«

»Aber was ist, wenn er Corona hat?«

»Eja, das macht ja nichts, denn bei den Kindern schleift sich das ja nur so durch.«

Das hat die wirklich so gesagt! In den Augen der Verkäuferin bildeten sich Wutbläschen. Wahrscheinlich hat sie sich auch gewünscht, dass die Mutter der Mutter reinkommt und ihre Tochter zusammenfaltet, wie sie nur so verantwortungslos durchs Leben gehen kann. Der Kleine hätte nicht nur eine Maske gebraucht, sondern das Teil, was sie Hannibal Lecter beim Transport übergestülpt haben. Schön, dass die namenslegasthenische Mutter von und zu Anakin dachte, Corona schleife sich bei ihrem Kind durch. In der Bäckerei arbeitete immer noch die über 80-jährige Chefin. Sie stand hinter der Theke und sah sehr ängstlich aus. Was muss sie sich in dem Moment gedacht haben?

»Den Hitler habe ich überlebt, und jetzt kommt so ein blöder Rotzlöffel daher und niest mich weg?«

Mir fiel ein alter Spruch von Meister Yoda ein, den ich dem jungen Rotz Vader mit auf den Weg gab: »Furcht führt zu Wut, Wut führt zu Hass. Hass führt zu unsäglichem Leid.«

Die Mutter guckte mich etwas verwirrt an. Ich gab auch ihr einen Wunsch mit: »Möge die Macht mit dir sein!«

Ich war sicher, dass sie die in den nächsten Jahren bei ihrem Sohn brauchen würde. Um ihn mache ich mir keine Sorgen: Arschlochkinder kommen immer durch.

Homeschooling

»Wohlan, lasset uns hinabsteigen, und dort
verwirren ihre Sprache, dass sie nicht verstehen
Einer die Sprache des Andern.«
GENESIS (DIE BIBEL, NICHT DIE BAND) 11, 7

Homeschooling ist für Hunderttausende Eltern zum Angstwort geworden, für einige sogar ein Anwärter auf die Auszeichnung Unwort des Jahres. Viele Schüler konnten den Begriff aufgrund fehlender Englischkenntnisse noch nicht mal übersetzen. Homeschooling – I call it Heimschulerei. Wie Stubenarrest – nur für Erwachsene. Unser Albtraum, dass wir plötzlich wieder in der Klasse sitzen und Schulstoff abgefragt kriegen, zack – wurde er Realität. Wir Eltern waren alle überfordert: Das hat uns schließlich niemand gesagt, dass wir irgendwann auf Lehrer umschulen müssen. Dafür habe ich mich damals nicht eingetragen, als ich Vater wurde.

Name: Michael Fritz Mittermeier

Sternzeichen: Widder

Hobbys: Stand-up-Comedy, Single Malt Whisky (Weißwein nur bei Pandemie)

Beruf: Komiker und nicht Lehrer (Das Einzige, was ich mit Lehrern gemeinsam habe, ist eine Flasche Whisky in der Schublade.)

Wenn wir inzwischen eins gelernt haben, dann das: Man kann als Eltern super sein, aber zugleich als Lehrer versagen. Viele Väter und Mütter verfielen dem Wahnsinn – wegen einer kleinen Frage.

»Papa, Mama, könnt ihr mit mir Mathe machen?«

»Wuuuuuaaaaaaaa!«

Wir dachten, das ist für uns vorbei. Verdammt, wie ging noch mal eine Rechnung mit zwei Unbekannten? Das letzte Mal, als ich eine Abrechnung mit zwei Unbekannten gesehen habe, kam Clint Eastwood in einen Western-Saloon und hat zwei Leute erschossen.

Homeschooling wurde für viele zu Homefoltering. Unklar war: Wer ist Folterknecht und wer das Kind? Waterbildungsboarding daheim führte oft nicht zu den gewünschten Ergebnissen. Es war jedenfalls keine coole romantisierte Version wie bei Jack Black als Aushilfslehrer in *School of Rock*. Bei uns war's mehr *School of Fuck*. Wenn wir Eltern so gut unterrichten würden, wofür brauchten wir dann noch echte Lehrer? Könnt ihr mal bitte dieses Buch kurz weglegen und aufstehen und für die Lehrer klatschen?

Mag etwas pathetisch sein, aber ich möchte schon mal vorbauen fürs nächste Mal. Applaus kann nie schaden. Ich weiß, wovon ich spreche. Außerdem hat unser Klatschen Tausende Pflegekräfte zu glücklichen Menschen gemacht, die aus Dank dafür künftig natürlich gern auf bessere Bezahlung verzichten.

Nach dem Schließen der Schulen ging's erst mal zu wie beim Turmbau von Babel. Die babylonische Schulverwirrung. Jeder Lehrer sprach in einer anderen Sprache ...

- Der eine sendete E-Mails mit PDFs zum Ausdrucken.
- Ein anderer schickte Links zu Videobeiträgen mit ihm als Hauptdarsteller.
- Eine Lehrerin wollte Kopien schicken, hatte aber keinen Kopierer zu Hause.
- Ein andere sagte: »Ich glaube ja, das mit Computer, Streaming und so wird sich nicht durchsetzen.«
- Ein Lehrer fragte: »Geht der Dropbox-Link auch auf meinem Atari?«
- Einer hat Faxe geschickt ... also Zettel-Faxe, nicht den von Wickie aus Flake. Hätte ich cool gefunden, wenn der dann das Lernen überwacht oder zumindest das Mittagessen.
- Ein anderer startete aus Versehen eine Zoom-Konferenz und musste erklären, warum er ohne Hose dasaß.

Wir Eltern waren schon froh, dass niemand Rauchzeichen gemacht hat.

Stopp, eine Methode habe ich noch vergessen: Fernwartung. Die hat nur nicht jeder Lehrer richtig verstanden. Bei Freunden von uns zum Beispiel ist der Deutschlehrer einfach verschwunden (wahre Geschichte!). War weg. Also weg-weg. Nicht weil er krank war, sondern einfach so. Weg. Er war nicht erreich- und auffindbar.

Ja, so ein Deutschlehrer kann schon mal verschwinden. Bei *Harry Potter* nennt man so was »disapparieren«. In Saudi-Arabien »Opposition«. Diese Form der magischen Fortbewegung ist sehr komplex und schwierig. Wird in Hogwarts erst im sechsten Schuljahr gelehrt. Bei uns nur in Pandemien. Ich wäre sehr gern einfach verschwunden, aber so offensichtlich konnte ich daheim als Vater auch nicht agieren. Ich wollte zumindest Präsenz zeigen wie die Deutsche Bundeswehr in Afghanistan. Mein Ziel war, beratend da zu sein; für einen echten Kampfeinsatz hatte ich kein Mandat. Und zur Stabilisierung in Krisenregionfächern bin ich gänzlich ungeeignet. Lasst es mich ganz offen und ehrlich sagen: Als Lehrer war ich raus. Es tut mir leid, aber ich habe einfach keine Ahnung mehr von Mathe oder Physik. Ich kann Hundert Songtitel von schlechten 8oer-Jahre-Liedern aufzählen, aber Schulinfos hat meine eingebaute Festplatte nicht gespeichert. Das ist alles noch auf Floppy Discs, aber ich habe keine Ahnung mehr, wo die sind. Ich habe beim Homeschooling versagt – steinigt mich! Ich bin die Pause - nicht der Unterricht! Ich habe eben andere Qualitäten.

Aber ich habe es versucht – wie wohl viele Männer: »So, Tochter, ich bin jetzt ganz für dich da. Wir machen jetzt zusammen Mathe!«

Ihre Reaktion: »Papa, ich glaube, ich werde dir mehr beibringen als du mir.«

»Was macht ihr denn gerade?«

»Differenzialgleichung.«

»Okay. Ja, bei so speziellen Sachen können wir dann auch mal die Mama zurate ziehen.«

»Die hat ja auch ein Physik-Ingenieurs-Diplom und du nicht.«

»Diese Info bekomme ich sehr oft von dir, Lilly.«

»Papa! Hattest du überhaupt je Mathe?«

»Hey, hey! Beim Abi war ich in Mathe gar nicht schlecht.«

»Das habe ich sehr früh rausgefunden, dass du oft so tust, als wüsstest du was.«

»Hey, weißt du noch, letztes Mal, als du deinen Laptop nicht mehr bedienen konntest, weil die Tasten nicht mehr funktioniert haben: Wer hat dir da geholfen, das zu beheben?«

»Du.«

»Genau.«

»Aber zusammen mit dem Mann von der Fernwartung, mit dem du eine Stunde telefoniert hast.«

»Immerhin. Man muss auch immer wissen, an wen man sich wenden kann, wenn man ein Problem hat.«

»Dann hole ich jetzt die Mama.«

»Gern!«

Ich habe beim Homeschooling nur noch einmal mit meiner Tochter eine Diskussion geführt, dabei ging es um die Französische Revolution. Das passte wieder, denn als Vater einer Vorpubertierenden bist du sowieso stets mit dem Kopf unter der Guillotine. Am Ende war ich im Überschwang und habe erläutert, dass heute Revolutionen oft übers Internet erst richtig Fahrt aufnehmen.

»Papa, was weißt du denn dann davon, du bist doch nur ein Digital Immigrant.«

»Und woher weißt du so was?«

»Aus dem Internet.«

»Okay, als 1966 Geborener bin ich ein ›digitaler Einwanderer‹, aber dafür kenne ich mich auch in der analogen Welt aus – ich habe das Beste aus zwei Kulturen in mir! Wenn man das Beste aus der deutschen und der italienischen Küche verbindet, kommt ja auch etwas Gutes heraus: Pizza Hawaii!«

»Papa, du kennst dich ja nicht mal auf Tik Tok aus.«

»Du lässt mich ja nicht auf deinem Account mal einen Dance machen.«

»Ja, denn dann krieg ich von Hunderten einen Peinlichkeits-Shitstorm.«

»Generation Shitstorm, was? Weißt du, Lilly, wir haben früher dem Hausmeister unserer Schule noch original selbst einen Haufen vor die Tür gemacht. Das war unser Shitstorm!«

»Toll!«

»Ja, stell dir mal vor, wenn damals Hunderte von uns dem Hausmeister vor die Türe gemacht hätten, das wäre ein Fanal gewesen für die Freiheit!«

»Sorry, Papa, ich muss jetzt hier weitermachen mit dem Internet-Unterrichtsstream.«

»Okay, bin dabei.«

»Sorry, aber kannst du bitte rausgehen, sonst wird alles schlechter.«

»Wie, ich soll jetzt einfach so disapparieren?«

»Ha, ha, sehr witzig, Papa!«

Ich habe es wenigstens versucht! Zu der Zeit war es auch schon 12:42 Uhr – Feierabend! Ich wusste, was ich zu tun hatte ...

Als es dann mit Schulöffnungen zaghaft losging, erkannte man sofort einen ausgeklügelten nationalen Plan für geordneten Unterricht. So mancher Schulleiter stand da wie General Custer beim letzten Gefecht am Little Big Horn: »Wir sind 40, die anderen sind 5000! Wir schaffen das! Hisst die Raute!«

In einem Stadtteil von München gestaltete sich das dann so: Susanne (4. Klasse) durfte drei Tage à vier Stunden zur Schule, im Wechsel mit einer Woche Heimunterricht, Johannes (3. Klasse) musste fünf Tage à 3,5 Stunden am Unterricht teilnehmen, Anton (2. Klasse) einen Tag à vier Stunden, Christine (3. Klasse) dreieinviertel Tage à drei Stunden, Marion (4. Klasse) drei Tage à 4,587 Stunden, und für Marcel (5. Klasse) war leider kein Zeitfenster mehr frei – da wurden einfach die Sommerferien vorgezogen und bis Ende August verlängert. Das war wie eine riesige Textaufgabe: »Wie viele Stunden an drei Tagen hat Kevin, wenn seine Eltern jede zweite Woche seine Mathe-Unterlagen verbrennen?«

Wenn das Virus eines Tages besiegt ist, lag das sicher auch an unserem Schulsystem. Das ist schließlich so kompliziert, dass COVID am Ende gar nicht mehr wusste, wo es angreifen sollte.

P.S.: Liebe Kinder, wir Eltern haben euch alle wirklich ganz doll lieb, aber wir sind nicht so gut im Unterrichten wie eure Lehrer. Deshalb freuen wir uns, wenn ihr wieder das Haus verlasst und in die Schule geht – zu den Profis. Let the School of Life begin ...

Eltern-WhatsApp-
Gruppen-Dynamik

Ein Aspekt des Homeschoolings wird in der Öffentlichkeit viel zu wenig diskutiert: An dem Tag, an dem die Tore der Schulen geschlossen wurden, hat sich das der Hölle geöffnet. Aus den Tiefen der Unterwelt erschallten Luzifers Klingelton-Trompeten und kündigten an: Die Eltern-WhatsApp-Gruppen-Explosion.

Generell glaube ich, der Teufel hat WhatsApp-Gruppen erfunden, um uns Menschen unsere Vergänglichkeit aufzuzeigen. Zumindest die geistige. Was passiert eigentlich im Gehirn mit uns, wenn wir WhatsAppen? Menschliche Wesen oder solche, die sich dafür halten, schließen sich zusammen, um all ihre Scham, Intuition und Intelligenz an der virtuellen Garderobe abzugeben. Ohne Bon. Nach dem Motto: Ich erkenne doch meine Spinal- und Hirnzellen, wenn ich sie nach dem Chat wiedersehe. Kann mir mal jemand diese tollen lustigen kreativen Gruppennamen wie »Game of Phones« erklären? Frauen nehmen gern Namen wie: »LOL Sisters« oder »Supergirls«. Männer sind da folkloristischer drauf. »Sepp on the Beach« oder »Frühaufsteher(!)«.

Seit der Schließung der Schulen gibt es kein Entrinnen mehr. Die Eltern-WhatsApp-Gruppen sind zu jeder

Tages- und Nachtzeit aktiv – ein dauerndes Pling-Pling. Eine Nachricht – und in einer Zehntelsekunde entsteht durch Zugabe von Laberflashs ein Cocktail, der dem Teufel ein Lächeln auf die Lippen zaubert.

Pling. Erste Runde:

> **Habt ihr alle den Link zur Corona-Situation in der Schule bekommen?**
>
> **Ja**
>
> **Nein**
>
> **Weiß nicht**
>
> **Welchen Link?**
>
> **Smiley**
>
> **Zum Stundenplan**
>
> **Habe ihn weitergeleitet**
>
> **Ich hab den Link weitergeleitet**
>
> **Supi!**
>
> **Danke**
>
> **Smiley**
>
> **Supi**
>
> **Danke, danke**
>
> **Gern**
>
> **Smiley**
>
> **Prima!**
>
> 👍

⟨ Merci

⟨ Ist das der Link?

⟨ Jau

⟨ Supi-dupi

⟨ Ich glaub, ich hab ihn

⟨ Wie kann man den denn öffnen?

⟨ Ich hab ihn

⟨ Wen?

⟨ Der Link ist da!

⟨ (Dic Pic)

⟨ Sorry. Falscher Chat

⟨ Warum kann ich den nicht aufmachen?

⟨ Hey, weiß jemand, wann wir endlich mal den
Link bekommen?

⟨ Schon da!

⟨ Ich hab ihn nicht bekommen ...

⟨ Ich auch nicht.

⟨ LOL, hab ihn

⟨ Smiley

⟨ Ist der Link auf Dropbox oder Computer?

⟨ Ich kann mich nicht öffnen!!!

⟨ Das war doch immer schon dein Problem

⟨

⟨ Ich schick den Link noch mal in die Runde

Pling, Pling, Pling. Die Töne hämmern sich in meinen Schädel wie ein in Schlangengift getunkter Death-Metal-Hammer. Kennt jemand den Film *Ist das Leben nicht schön?* mit James Stewart? Das ist mein Lieblings-Weihnachtsfilm. Dort heißt es: »Immer wenn ein Glöckchen ertönt, bekommt ein Engel seine Flügel.« Meine Theorie ist: »Immer wenn bei einer Eltern-WhatsApp-Gruppe ein Pling ertönt, stirbt ein Engel.« Mindestens aber ein gut besuchtes Viertel in meinem Gehirn.

Ich habe zu meiner Frau gesagt: »Mach das weg! Alle! Lösch die Gruppe.«

»Das geht nicht, wir müssen wissen, was in der Schule los ist.«

»Aber das ist schlechtes Karma. Wir wissen lieber nichts als das alles. Dann lieber gar keine Schule. Aber warte, es ist eh gleich 12:40 Uhr!«

> Pling

> Frau Reiser hat ein PDF geschickt. Müssen wir das jetzt lesen?

> Hat jemand den Arbeitsauftrag für diese Seite verstanden? Wir sind zu doof

> Wir haben sie auch nur gelesen

> Ich hab's einfach ausgemalt

> Habe Frau Reiser gefragt, das ist nur ein Leseblatt, der Text kann auch auswendig gelernt werden

Muss man sich das dann vorher durchlesen?

Hallo! Ich hab gar nichts bekommen. Kann mir das jemand weiterleiten?

Ich auch

Mir auch! Aber schick sie nicht als zip, sondern entpackt. Scheint ja ein Datenproblem zu sein

Ist raus

Ich auch

Ich glaub, jemand hat sein Blatt verloren. Oliver hat zwei Blätter 🐵

Vielleicht kann hier kurz Bescheid gegeben werden, wenn eine E-Mail verschickt wurde ... Dann ist sichergestellt, dass alle informiert sind oder sich melden, wenn sie keine Mail erhalten haben

Ich hab keine bekommen 🙊

Ich werde den E-Mail-Verteiler heute noch vervollständigen

Danke!

Supi

Danke

Danke

Super, supi

Hi Jürgen, den Anhang kann man nicht öffnen.

An einem PC oder Laptop müsste es gehen.

Noch ein Hinweis von Frau Reiser. Der Ordner Mathe-Textaufgaben kann ignoriert werden

Toll, ich habe das ausgedruckt und jetzt hab ich keine Farbe mehr

Hier noch mal meine E-Mail. Ich bekomme ja gar nichts mit von den Hausaufgaben

Hausaufgaben sind oben im Link!

Ja, ich weiß, aber ich kann sie nicht aufmachen

Oh Gott, ich muss das erst mal probieren. Danke an euch. Wenn ich noch was frage, denkt ihr bitte, dass ich nicht doof bin 😂😂

Niemand denkt, dass die anderen doof wären 😂😂

Es gibt immer eine Person, die alle wahnsinnig macht. Die für alle Hysterie verbreitet. Bei uns war es eine Mutter, die schon am Tag der Schulschließung im Panikmodus war. »Oh mein Gott, und heute ist auch noch Freitag, der 13.! Was wird mit dieser Welt noch alles passieren? Wir sollten alle beten!«

Da habe ich noch zurückgeschrieben: »So ein Quatsch! Beten hat noch nie geholfen! Da kann man auch eine Ziege opfern oder einen Kevin.«

Meine Frau hat mir darauf das Handy weggenommen.

Wir haben dann *Tiger King* geschaut, und ich war abgelenkt. Leider bin ich später dann zum Trottel King geworden. Wie das kam? Es begann mit einem …

Pling.

Ich bin kurz raus ... und als ich wieder zurückkam, war meine Frau gerade nicht im Raum. Deshalb konnte ich auf ihr Handy schauen. Die Diskussion war offenbar gerade zum Stillstand gekommen. Der letzte Eintrag war die Frage: »Kann man sich denn beim FaceTimen mit einem Chinesen mit Corona anstecken?«

Ich dachte, garantiert hat die Panic-Chatroom-Mom wieder zugeschlagen. Was für eine Frage! Ich machte große Augen, wollte gerade das Handy nehmen, als meine Frau wieder reinkam. Sie schaute mich an. »Wenn du antwortest, bist du tot!«

Aber ich dachte, man muss auch mal was riskieren für einen guten Gag. Was hätte ich tun sollen? Meine Komikerehre stand auf dem Spiel. In Todesverachtung ergriff ich das Handy und lief los. Alles spielte sich wie in Zeitlupe ab. Meine Frau rief mir hinterher:

»Neeeeiiiiin!«

»Dooooooch!«

Ich lief mit dem Handy auf die Gästetoilette und sperrte von innen zu. Meine Frau bumperte von draußen an die Tür. Einer musste auf diese höchst intellektuelle Frage doch konstruktiv antworten! So schrieb ich zurück: »Natürlich kann man sich beim Facetimen mit einem Chinesen mit Corona anstecken, das ist hochgefährlich, sofort beim ersten Kontakt!«

Erst kam ein Emoji zurück. Das Augen-Aufreiß-Edvard-Munch-Der-Schrei–Emoji. Ich dachte, ich kann auch antworten in der Höhlenmalerei-Zeichensprache unserer Vorfahren. Ich schickte eine Aubergine. Zurück kamen ein Fragegesicht-Rätsel-Emoji und zehn Affen mit verdeckten Augen. Michl, erhöhe das Level! Ich schickte zwei Auberginen, außerdem Regentropfen und einen Hundekopf. Der Hundekopf war nur zum Verwirren. Der Gegenseite gingen damit die Emoji-Argumente aus:

> »Aber wie soll das ansteckungstechnisch funktionieren?«

> »Ganz einfach: mit Gesichtserkennung!«

> »Oh mein Gott, lasst uns beten!«

Der – die – das Comedy-Puff

Als Bayer hätte ich eigentlich geschrieben »Das Puff«.
Mein Lektor hat das verbessert. Ich war anderer Meinung,
also habe ich den Google-Schorsch gefragt: »Heißt es der,
die oder das Puff?« Und der schreibt: »Die richtige Ant-
wort ist: der Puff, denn das Wort Puff ist maskulin.« Ja,
das wusste ich.

Gibt es gute Corona-Witze? Wahrscheinlich ist es wie bei
Donald-Trump-Witzen: Während man die Pointe formuliert, ist sie schon von der Absurdität der Realität über-
troffen und somit obsolet wie ein Salatblatt auf einem
Schnitzelteller.

Ich hatte mit Donald Trump lange Mitleid. Er ist immerhin der einzige Mann der Welt, der im Gesicht Oran-
genhaut hat. Ich konnte verstehen, dass er nicht gut
drauf ist. Bluna-Haut hat man normalerweise nur an
Beinen und Hintern und dagegen kann man Leggins
anziehen. Aber was kann er tragen? Hosen-Burka? Ja,
ich weiß, es ist traurig, Witze über sein Äußeres zu machen. Aber was bleibt mir sonst? Soll ich mir Sagro-
tan spritzen? Wie soll man satirisch aufarbeiten, dass
der Don in Washington vor dem extraweißen Haus einen ganzen Straßenzug friedlicher #BlackLivesMatter-

Demonstranten von Einsatzkräften gewaltsam räumen lässt. Nur, um zu Fuß zu einer Kirche ums Eck zu gehen. Ich habe mir gedacht, immerhin will er mal beten, aber nein, er stellte sich nur vor die Kirche und hielt ein Buch hoch. Mit dem Blick, der zu sagen schien: »Schaut her, ich habe ein Buch! Kann mir bitte jemand vorlesen?« Fachleute sind sich bis heute nicht einig, ob es eine Bibel war oder *1001 legale Steuertricks*. Als die Nationalgarde am Tag drauf einen Zaun um das Weiße Haus errichtete, dachte ich: Trump in Käfighaltung? Der dreht doch freilaufend schon durch. Ein bissel Bodenhaltung täte ihm gut, ob er die Wahl gewinnt oder nicht.

So, und jetzt wird es puffig. Bei einem harmlosen Corona-Witz hat mich die Realität ziemlich kalt erwischt ... Anfang Mai begannen die ersten Lockerungen und Öffnungen. Aber die gesamte Livekultur wurde in der Politik so behandelt wie Lord Voldemort in Harry Potter. »Du weiß schon was ... Man soll besser nicht darüber sprechen.« Theater und Comedy Clubs waren nicht mal ansatzweise ein Thema bei den Verantwortlichen. Gut, klar, wer Armin Laschet hat, der denkt sich, Muggel können schon verdammt komisch sein. Zu der Zeit waren Baumärkte schon geöffnet. Rational verstand ich das, nach dem Motto: Gib den Menschen etwas, das sie beschäftigt, das tut allen gut und wird den einen oder anderen Krieg verhindern. Die Friseurläden waren zu der Zeit noch geschlossen. Da habe ich mich gefragt: Dürfte denn jetzt ein Friseur in einem Baumarkt jemandem die Haare schneiden? Wäre das dann legal? Und müsste er dazu eine Heckenschere aus dem Regal verwenden? Welchen Schnitt verpassen sie einem im Gartencenter? Rasentrimmer-Sidecut? Was Frisuren betrifft, sahen die meisten von uns zu dieser Zeit schon ziemlich seltsam aus. Das kann man so nicht anders sagen. Beim ein oder anderen Skypen ist man erschrocken, weil man sich dachte: Shit, ich habe mich verwählt, da sitzt Reinhold Messner nach einer misslungenen Mount-Everest-Expedition.

Mitte Mai habe ich in einer Sendung darüber gesprochen, dass wir Comedians anscheinend nicht system-relevant sind, weil wir nicht mal in öffentlichen Diskussionen auftauchten, als bereits über Öffnungen bei Fitnessstudios, Massagesalons und Bordellen diskutiert wurde. Ich habe prophezeit, dass die Puffs und Bordelle noch vor den Comedy Clubs und Theatern öffnen dürfen. »Es wird eher gepoppt als gelacht.« Was haben wir gelacht! Dann kam am Sonntag, 7. Juni, folgende Meldung: »Ab dem 10. Juni dürfen in Rheinland-Pfalz die Puffs öffnen.« Weiter hieß es: »Aber die Öffnung geschieht natürlich mit Schutzauflagen!« Aha. Das war mir schon klar. Allerdings ist damit keine Sonderausstattung gemeint. In der neunten Corona-Bekämpfungsverordnung (die heißt wirklich so – was auch immer die anderen acht vorher waren) der rheinland-pfälzischen Landesregierung wurden Hygienevorschriften für »körpernahe Dienstleistungen« in Bordellen aufgeführt: »Es gilt dort die Maskenpflicht.« Aber, so stand das drin: »Nur dann, wenn die Art der Dienstleistung dies zulässt.« Hmmm ... also, ich sag mal so: Wenn es ein leichtes Mädchen schafft, dir mit Mundschutz schwer einen zu blasen, dann habe ich Respekt! Dann wurde es kompliziert mit den Hygieneauflagen: »Das Social-Distancing-Abstandsgebot sollte wenn möglich eingehalten werden.« Also die 1,5 Meter Distanz. So eine Art Sexual Distancing? Das war dann die Frage – 1,5 Meter auseinander – gut, der Pinocchio – okay, oder Long Dong Silver – alles klar. Aber sonst? Ich weiß jetzt nicht, wer von euch ... Egal. Oder sollte hier dann die Hygienevorschrift zum Einsatz kommen, dass man eben in bestimmten Fällen im Puff die Maske abnehmen durfte? Zum Beispiel wenn der Kunde eine Dienstleistung wünscht, bei der er die Dienstleisterin von hinten sieht und sie nach vorn weghustet? Aber wenn die dann dabei einen Pups lassen würde? Ich habe versucht, das zu googeln: »Kann man sich durch Pupsen anstecken?« Keine klare Antwort im Internet!

Die neunte Corona-Bekämpfungsverordnung-Puff-Vorschrift besagte außerdem noch feierlich, dass alle Freier im Puff ihre Kontaktdaten hinterlegen müssen. Ja, klar, ich hätte sehr gern die folgenden Dialoge auf dem Ordnungsamt gehört:

»Du, Wahnsinn, dieser Max Mustermann war allein am Montag 22 Mal im Puff!«

»Ist deiner auch wohnhaft in Musterstraße 1 in 12345 Musterstadt?«

»Wie war der Name der Prostituierten gleich wieder?«
»Erika!«

»Nachname?«

»Musterfrau.«

An dieser Stelle möchte ich noch etwas erwähnen, was ich auch humoristisch besser nicht erfinden könnte. Im selben Zeitungsartikel wurde angekündigt, dass ab dem 10. Juni Blasorchester wieder zusammen proben dürfen ... Darf ich dafür von euch Leserinnen und Lesern mal um einen riesigen Applaus und Ehrfurchtsbezeugungen bitten? Das ist ein Fall, in dem die Realität die Satire nicht nur überholt, sondern überfährt und danach Fahrerflucht begeht.

Am Tag drauf habe ich die Nachricht von der Puff-vor-Theater-Eröffnung gepostet und dazu geschrieben: »Von den Rechten und den Impftrollen werde ich oft als Systemhure beschimpft – und ich bin ganz ehrlich, jetzt im Moment wäre ich gern eine!« Und ich meinte es so, wie ich es sagte. Daraufhin habe ich Hunderte gut gemeinter Zuschriften bekommen. Einer hat geschrieben: »Augen auf bei der Berufswahl!« Eine andere hat mir den Tipp gegeben: »Herr Mittermeier, Sie müssten sich einfach nur auf dem Ordnungsamt als Prostituierte registrieren lassen, dann können Sie bei mir zu Hause im Wohnzimmer für 150 Euro auftreten.« Ich war kurz davor, meine Humortätigkeit als handwerkliche Dienstleistung deklarieren zu lassen.

Ob ich mit meinem Post die weiteren Ereignisse beeinflusst habe, kann ich nicht beurteilen, da gehen meine Meinungen etwas auseinander. Aber ein paar Stunden später hieß es von der rheinland-pfälzischen

Landesregierung plötzlich: Kommando zurück. Die Entscheidung, die Puffs zu öffnen, wurde tatsächlich zurückgenommen. Die Ministeriumssprecherin nannte für die Neubewertung neben der problematischen Überprüfungssituation – alle Beamten hatten sich wohl ausnahmslos freiwillig zur Inspektion gemeldet – einen ganz bestimmten Hauptgrund. Comedians, look and learn: Die Landesregierung hatte Angst bekommen. Wenn nämlich nur in Rheinland-Pfalz die Puffs öffnen, könnte es zu ähnlichen Pilgerzügen aus anderen Bundesländern kommen wie in Hessen, als dort die Baumärkte wieder öffneten. Laut Ministeriumssprecherin galt es, eine Verlagerung von Sexualdienstleistungen nach Rheinland-Pfalz zu vermeiden, sonst bestünde die Möglichkeit, dass sich auf diese Weise Sextourismus in Rheinland-Pfalz entwickelt. Ich musste 54 Jahre alt werden, um zu erleben, dass die beiden Worte Sextourismus und Rheinland-Pfalz in einem Zusammenhang gebraucht werden. Das wäre so, wie wenn man Sachsen und dialektfreies Deutsch zusammenfügen würde. Oder dort eine queerfeministische Koranschule aufbauen.

Von der Bundesregierung kam dann dazu auch noch ein offizielles Statement: Eine Öffnung von Bordellen solle vielmehr im »Gleichklang der Bundesländer« erfolgen. Kein Witz! Kann man so etwas besser erfinden? Wenn Stöhnen im Gleichklang geht, möchte ich auch wieder im Gleichklang Lachen ertönen lassen. Bitte, liebe Verantwortlichen, erlaubt uns Künstlern und Künstlerinnen auch in Zukunft wieder humoristische

Dienstleistungen! Natürlich unter bestimmten Hygiene-
vorgaben. Ich werde mich auch vor jedem Auftritt duschen! Versprochen!

Ein unmoralisches Angebot
im Autokino

»Der Witz setzt immer ein Publikum voraus.
Darum kann man den Witz auch nicht bei sich
behalten. Für sich allein ist man nicht witzig.«
JOHANN WOLFGANG VON GOETHE

Was würdest du als Comedian alles tun für einen Auftritt? Eine hypothetische Frage. Ich habe vor vielen Jahren mal den Film *Ein unmoralisches Angebot* im Kino gesehen. Die Handlung: Milliardär Robert Redford bietet der Ehefrau (Demi Moore) eines anderen Mannes (Woody Harrelson) eine Million Dollar, wenn sie eine Nacht mit ihm verbringt. Die Mädels hinter uns mutierten zu jubelnden Cheerleaderinnen, es war wie bei einer California-Dream-Men-Show, bei der nur noch die Unterhose am Mann ist: »Tu es! Tu es!« Ich erinnere mich gut, das war einer der Momente, bei denen ich wusste, dass es besser war, die Klappe zu halten. Und nicht meine Freundin zu fragen, wie sie sich entscheiden würde. Für eine Million hätte ich selbst jedenfalls nicht lange überlegt. Was soll ich sagen: Das war die Zeit, als es noch gang und gäbe war, wenn Millionäre Mädchen einfach kauften. Da haben Jeffrey Epstein und Prince Andrew eine ganze Wirtschaft kaputt gemacht.

Wenn mir jemand prophezeit hätte, dass ich mal in einem Autokino spielen würde, hätte ich gesagt: »Klar. Genauso wahrscheinlich ist es, dass Alfons Schuhbeck Tofu grillt. Ohne Ingwer!« Am 7. Juni 2020 fand ich mich auf einer Autokino-Bühne wieder und blickte dem Publikum in die Augen, äh, Windschutzscheiben. Wie ein frischgebackener Vater: »Aber wenn es dich dann einmal anhupt ...« Wischwasserspritzflüssigkeit ersetzt die Freudentränen. Die auch noch zusätzlich von oben kamen. Es regnete. Vor mir standen 150 Autos mit eingeschalteten Scheibenwischern auf Schnell-Wisch-Betrieb – wischi, wischi – wischi, wischi ... Ein Wunder, dass mir nicht schlecht wurde. Meine Pupillen spielten Auto-Tennis. Aber trotzdem und tatsächlich war ich sehr glücklich in diesem Moment. Ich konnte nach drei Monaten zum ersten Mal meine Kunst wieder ausüben. Mich in meine geliebte Comedywelt beamen, in der ich sein darf, wer ich bin, und alles tun und sagen kann, was ich will. Was niemand weiß: Es war immer schon ein großer Traum von mir, mal in einem Autokino aufzutreten. Als kleiner Junge habe ich mir vorgestellt: Mei, wenn ich es irgendwann mal richtig geschafft habe, dann ... Autokino! Oder Möbelhauseröffnung ... Schon als kleiner Bub habe ich mich auf Supermarktparkplätze geschlichen und mit Autos gesprochen. Jetzt ist es raus: Ich leide an einer Autoimmunkrankheit! Ich habe zu früh mit autogenem Training angefangen. Meine erste Autodroge – *Käfer Her-*

bie – habe ich mir via Television reingezogen, da war ich *Michel groß in Fahrt.* Als Teenager kam ich in Berührung mit verunreinigtem Shit: Autosuggestion. Ich hab's mir bewusst so was von selbstinjiziert. Ein Schuss *Knight Rider* in den Unterarm des Unbewussten. Dabei war *Knight Rider* nur ein Bademeister und sein Klugscheißer-Auto. Ein Kumpel sagte zu mir noch: »Wenn du doof in Lichtkegel blicken willst, dann werd halt einfach Wildschwein an einer Brandenburger Landstraße.«

Vor meinem Autokino-Gig sagte ein Journalist zu mir, es müsse doch ganz furchtbar sein, vor Autos aufzutreten, vor Maschinen. Ich finde, es gibt Schlimmeres. Zum Beispiel vor 150 Thermomixern zu spielen. Oder deren Besitzern. Dann lieber im Autokino, das ist doch netter. Im übertragenen Sinne ist es ein Aluhut mit Rädern. Muss noch jemand an Xavier Naidoo denken? Er ersann als Kartenabreißer in einem Mannheimer Autokino folgendes Lied:

»Es sind seine Straßen, von jeher.

Seine Straßen, von den Bergen bis ans Meer.

Seine Wege, denn der Herr führt sein Heer.«

Wir alle haben geglaubt, das sei nur ein netter kryptischer Text für alle, die schon mal zu lange an einer Tankstelle eingeatmet hatten. Aber nun wissen wir: Dieses Heer wird kein leichtes sein. Bei meiner Seele!

Kleiner Witz: Wie viel wiegt eine ausgewiesene Kifferpsychose? Ein Telegram.

Dann kam der Tag des Auftritts. Ich fand es cool, mit meinem Auto direkt bis zur Bühne zum Bühnenaufgang zu fahren. Stilecht. Man kann schließlich nicht mit der U-Bahn zum Autokino-Gig kommen. Das wäre gegen die Genfer Car-Konvention. Mein erster Satz auf der Bühne löste gleich frenetisches Hupen der Auto-Community aus. »Guten Abend! Liebe Diesler und Benzinerinnen! Heute Abend lachen wir für Greta!« Lustig, aber politisch und energetisch ein Offenbarungseid. Junge Schwedin! Dabei mag ich Greta. *Fridays For Future* hat schon so viel erreicht! Der Druck der Kinder und Jugendlichen auf die Großkonzerne hat gewirkt. Aldi zum Beispiel verkauft seit einiger Zeit Plastiktüten nun für einen Cent. Für die Umwelt. Das ist ein Zeichen! Als ich das gelesen habe, habe ich sofort meine Tochter mit einem Euro losgeschickt, um 100 Tüten zu kaufen. So billig kriegt man die nie wieder. Das ist wie mit den Glühbirnen, irgendwann sind die weg. Nein, ich mag Greta! Es gibt noch viel zu tun. Nimmt man das letzte Klimapaket unserer Bundesregierung: Eunuchenpolitik – viel Gefummel, null Penetration!

Auftritte in Autokinos sind übrigens so was von deutsch! Ich hatte kurz zuvor mit befreundeten Kollegen in New York gechattet, die alle frustriert waren, im Shutdown keine Auftrittsmöglichkeiten zu haben. Dann erwähnte ich aufmunternd, dass ich demnächst in einem Autokino spielen würde. »Das ist typisch deutsch!« Stimmt schon. Deutscher geht's nicht, als vor Autos zu spielen. Vor wem spielen wir Deutsche, wenn wir kein echtes Publikum haben dürfen? Vor dem, was für uns Deutsche einem menschlichen Wesen am nächsten kommt: Autos! In der Nacht vor meinem ersten Auto-kino hatte ich einen schrecklichen Albtraum. Die Jünge-ren wissen das vielleicht nicht, aber früher ist niemand in ein Autokino gefahren, um den Film anzuschauen. Man brauchte einen Vorwand, um ungestört mit seiner Freundin rumzumachen. Erinnert sich irgendjemand daran, welchen Film er dort jemals gesehen hat? Typi-scher Dialog damals:

»Warst du im Autokino?«

»Ja.«

»Was hast du gesehen.«

»Die Brüste meiner Freundin.«

Niemand von uns ist allein ins Autokino gefahren. Da wärst du als Voyeur beschimpft worden. Autokino war nie ein Drive-in, sondern mehr ein Fuck-in. In meinem Albtraum stand ich also vorn auf der Bühne und nie-mand hat zugehört, alle haben hinten auf der Rückbank rumgepoppt.

Aber es lief dann gut! Manche Comedy-Nummern lie-fen im Autokino sogar besser als in Clubs. Zum Beispiel als ich von einem Erlebnis erzählte, das ich vor Kurzem mit meinem Tour-Auto, einem Diesel, an einer Tank-stelle hatte.

»Buuh, der fährt Diesel!«, tönt es da oft im Theater. Das ist mittlerweile schon so, wie wenn es früher hieß: »Ja, ja, der hat's mit kleinen Hunden!«

Ja, ich fahre Diesel und habe ihn an jenem Tag be-tankt. Was soll ich machen, ich kann ihn nicht über die Autobahn schieben! Gegenüber fuhr ein E-Auto an die

E-Aufladestation. Ich mag E-Autos, finde sie nur etwas beängstigend. Ich glaube, ich werde mal durch eins sterben. Die hört man nicht mehr im Straßenverkehr. Man nimmt nur noch einen leisen Windhauch wahr! E-Autos apparieren wie Lehrer bei *Harry Potter*. Der E-Typ stieg aus, guckte mich und mein Auto abwertend an und zischte: »Du dreckiger Diesel-Taliban, du Auto-Islamist, du Dieslamist!«

Aber was konnte dieser Benzinveganer mir schon antun? Der könnte mir ja nicht mal mein Auto zerkratzen, weil er keinen Autoschlüssel hat, sondern nur noch so ein Plastik-Batterie-Teil. Früher konnte man noch mit einem Schlüssel-Ritsch die ganze Seite des Endgegners markieren. Aber mit so einem Plastikteil? Bis man da durch den Lack durch ist, hat man eine Sehnenscheidenentzündung. Ich war voll in meinem Element, habe mit Autos improvisiert, einen Mercedes mit einem Fiat Punto verkuppelt, einen BMW zum Schnecken-Smart gemacht, alles, was sich in all dieser Zeit aufgestaut hatte, kam raus. So entstanden die ersten Ideen für dieses Buch. Danke, Autokino. Ob's den Zuschauern wirklich gefallen hat? Ich denke: ja. Die blinkenden Scheinwerfer waren jedenfalls ein gutes Zeichen. Nur wenn ich Hupen hörte, war ich unsicher. War das ein Zeichen dafür, dass die Autofahrer begeistert waren – oder dafür, dass sie beim Vögeln aus Versehen dran gestoßen waren?

Wenn sich die Bühne noch gedreht hätte, dann hätte ich eine neue Kunstform erfunden: Peep Stand Popp Up ...

Die Orthomol-Maggi-Methode

»Man kann in Kinder nichts hineinprügeln,
aber vieles herausstreicheln.«
ASTRID LINDGREN

Wie deckt man sich angemessen antiviral bei einer Pandemie ein? Hardware wie antibakterielle Waschlotionen, Desinfektionstücher, Masken und andere keimtötende Zutaten waren gleich am Anfang aus. Deshalb wollte ich wenigstens geeignete Software für den Körper besorgen, ein Upgrade fürs Immunsystem. Wie macht man sich fit gegen die bösen Viren? Richtig, Vitaminbomben. Das hat schon meine Oma zu mir gesagt und mir viele Flaschen *Rotbäckchen* eingeflößt. Das half angeblich für alles: Knochen, Sehkraft, Lernen und Winterbäckchen. Was habe ich das gehasst! Das waren Guantánamo-Methoden! Saft-Boarding an unschuldigen Kindern. Wo war damals amnesty international, als wir Kinder mit *Sanostol* und *Rotbäckchen* gefoltert wurden? Ha? Dabei hätten wir das Zeug damals gar nicht gebraucht. Pah, Vitamine! Wir Kinder hatten noch natürliche Abwehrkräfte, da träumt die heutige Jugend von. Wir waren viel an der frischen Luft, haben Regenwürmer und Dreck gegessen und Frösche Zigaretten rauchen lassen. Gut, Letzteres war nicht so toll für deren Immunsystem, da sind schon mal amphibische Träume geplatzt. Als kleiner Bub fühlte ich mich unbesiegbar. Ich wollte Superheld werden. Aber dieser Traum ist zerplatzt wie eine Kröte auf Marlboro. Ein Schulkamerad sagte nämlich: »Du kannst kein Superheld werden, du hast Heuschnupfen, du darfst offiziell nicht fliegen!«

Ich war am Boden zerstört: »Aber der blöde Superman hatte auch eine Kryptonit-Allergie ...«

Eigentlich waren Allergien in den 70er-Jahren kein großes Thema. Wenn ich damals zu jemandem gesagt habe: »Ich habe eine Allergie!«, hieß es nur »Ja, zieh dir was Warmes an, dann wird's schon wieder!«

Krankheit damals und heute sind zwei völlig verschiedene Wirklichkeitsschichten. Ich wollte mal Schule schwänzen und hustete morgens im Bett kränklich: »Öch, öch, öch, ich glaube, ich bin heute krank, ich kann nicht in die Schule.«

Mein Vater rief ungerührt: »Zieht dich nackt aus, geh zu Fuß in die Schule, die kalte Luft wird dich abhärten!«

»Was?«

Mein Schulweg war drei Kilometer lang! Jeden Tag! Drei Kilometer! Bei jedem Wetter! Vor Kurzem habe ich auf Netflix den Leonardo-DiCaprio-Film *The Revenant – Der Rückkehrer* gesehen. Dafür hat der den Oscar bekommen. Aber ich war völlig unbeeindruckt: Das war mein Schulweg, jeden Winter, jeden Tag! Hallo! Wie oft haben wir damals auf dem Schulweg eine Kuh aufgeschnitten, haben uns reingelegt, um in der Wärme die Hausaufgaben zu machen, und dann sind wir wieder weitergezogen. Heute geht kein Kind mehr zu Fuß. Da hält der Schulbus direkt vor der Eingangstür der Wohnung und trotzdem begleiten die Eltern das Kind vor die Tür, die Großeltern hinterher. Dabei werden Rosenblätter auf den Weg gestreut, damit das Kind sicher in den Schulbus einsteigt.

Ich gebe aber zu: Ich mach's auch! Oder besser gesagt, ich hab's gemacht. Ich würde es gern noch tun. Aber ich darf nicht mehr. Meiner Tochter war es immer wichtig, dass ihr Vater mit zum Bus geht. Aber in der 6. Klasse hat das plötzlich aufgehört. Und das kam so: Am ersten Tag nach den Sommerferien begleitete ich meine Tochter wie immer aus dem Haus. Die Tür vom Bus öffnete sich, einer von den coolen Jungs, so ein kleiner Dude mit Kappe, rief von innen raus: »Ey Lil', wer is'n das?«

Meine Tochter drehte sich zu mir, sah mir kurz bedauernd in die Augen und rief: »Keine Ahnung, ich kenn den nicht, der verfolgt mich seit dem Innenhof!«

»Lilly, was soll das denn jetzt?«

»Woher kennen Sie meinen Namen?«

Ich schluckte und begann zu überlegen: Wie konnte ich meine Tochter weiterhin gegen jegliche Gefahr dieser Welt beschützen? Substanzen wie *Sanostol* oder *Rotbäckchen* waren wohl inzwischen illegal. Inzwischen gab es sicher Besseres. Hightech-Vitamine. Und so begannen im Hause Mittermeier die *Orthomol Hunger Games – Die Vitamine von Panem*. Call me Hamster, aber ich habe ohne schlechtes Gewissen in der Apotheke fast die gesamten Vorräte von *Orthomol Immun* aufgekauft. Schon der Name sagt, was Sache ist. Orthomol Immun – man war geschützt gegen alles. Damit mutierte ich zum Orthomol-Junkie. Orthomol spielt in der Oberliga der Immun-Boost-Drogen. Preislich in etwa auf dem Level von Heroin. Aber ich war drauf. Kein Preis zu teuer. Dann musste ich halt wieder im Autokino anschaffen gehen.

Als ich damit zu Hause ankam und allen ein Trinkfläschchen anbot, lehnte meine Tochter sofort ab. Aber unsere Goldene Essensregel besagt: »Es wird alles erst mal probiert!«

Lilly probierte, und ich konnte an ihrem Gesicht ablesen, dass es in den nächsten Wochen schwierig werden würde.

»Üäch, Papa, das schmeckt furchtbar, das nehme ich nicht!«

Ich habe ihr die Wahl gelassen, entweder sie nimmt das Direkt-Granulat oder ich spritze ihr einfach den Inhalt der kleinen Trinkfläschchen. Erzieherisch finde ich das mehr als vorbildlich. Trotzdem geriet unsere tägliche Orthomol-Kur schon am ersten Tag außer Kontrolle, als ich die Einnahme überwachte. Sie hatte sich fürs Direkt-Granulat entschieden.

»Aber nur unter Protest, Papa!«

»Ist schon gut. Und?«

»Was und?«

»Schon weg?«

»Ja. Hab's schon runtergeschluckt.«

»Mund auf. Möchte ich sehen.«

»Vertraust du mir nicht?«

»Nein!«

»Papa!«

»Lilly!«

»Ich brauche das nicht, ich bin doch gesund.«

»Ja, und das Orthomol ist dazu da, dass es auch so bleibt. Von Pizza und Spaghetti Bolognese, also etwa 93 % deiner Gesamternährung, kommt nicht viel Vitaminschutz.«

»Bisher habe ich auch überlebt.«

»Wir sind gerade in einer Pandemie, und ich diskutiere nicht mit dir, ich sage: Du nimmst das.«

»Das heißt, du willst mich dazu zwingen?«

»Ja!«

»Sonst sagst du immer zu mir, dass ich als Mensch lernen soll, mich selbst zu entscheiden.«

»Es gibt Grenzen.«

»Und die heißt Orthomol?«

»Korrekt.«

»Das schmeckt so schrecklich.«

»Wenn du es ganz schnell nimmst, dann schmeckst du es kaum.«

»Das ist gelogen, das schmeckt auch schnell grauenhaft.«

»Ich nehm's auch!«

»Das musst du auch, du bist ja auch fast 60!«

»Das Altersthema langweilt langsam.«

»Papa, aber für mich hast du eben den Fast-60-Vibe.«

»Was ist denn ein Fast-60-Vibe?«

»Dass du dich so benimmst.«

»Moment! Ich kann schon auch mal krass cool sein, yo.«

»Siehst du, genau das meinte ich.«

Nach zehn Minuten Diskussion nahm sie dann endlich das Direkt-Granulat. Aber mit großer Show. Method Acting auf höchstem Niveau. Drama, Baby! Sie nahm ein paar Brösel in den Mund, verzog das Gesicht wie beim Anblick ihres Mathelehrers, machte Geräusche, als würde sie lebendige Kaulquappen essen und röchelte beim Schlucken wie ein Schwertschlucker, dem man aus Versehen eine zu große Machete ins Müsli gemischt hatte. Die Prozedur dauerte eine Viertelstunde ... Tja, mühsam ernährt sich das B12-Hörnchen.

Ich erinnere noch mal an meine Kindheit. Wir haben damals Maggi gegessen! Maggi! Schwarze Maggie! In Maggi ist alles drin, was einen Menschen abhärten und töten kann: E527, Glutamat-Pulver, Glyphosat-Extrakt, Gluten-Staub. Ich glaube, mit Maggi kann man Veganer töten, wenn man sie damit bespritzt! ... Ich dachte, bei der nächsten Orthomol-Diskussion werde ich meiner Tochter einfach eine Alternative bieten. Wenn sie wieder streikt, dann gebe ich ihr einfach ein Fläschchen Maggi – ich denke, das gibt sicher Rote Bäckchen ... Als ich übrigens meiner Tochter erzählte, dass ich eine Geschichte über unseren Orthomol-Pandemie-Schutz-Kampf schreibe, erinnerte sie sich lächelnd: »Du hast ja dann irgendwann aufgegeben.«

»Stimmt. Nach ein paar Wochen hat sich das ausgeschlichen. Vielleicht sollte ich das wieder einführen.«

»Du kannst mich nicht zwingen.«

»Schauen wir mal!«

»Papa, du hältst das sowieso nicht durch. Mit deinem ADHS.«

»Wie bitte?«

»Ja, du kannst dich nicht lange auf etwas konzentrieren. Also gib einfach auf.«

»Worauf konzentrieren?«

»Multitasking ist echt nicht deine Stärke.«

»Aber für dich werde ich zum Finish Quantum Powerball Ultimate – 3 in 1!«

»Papa, ich hab dich lieb!«

»Ich dich auch!«

Heilige Messekonferenz

Im März 2020 sind wir plötzlich alle konvertiert. Zum Glauben. Zum einzig wahren, echten Glauben: zum Wissen. Es war die Zeit der großen Propheten. Aber diesmal nicht nach dem Motto »ich war mal kurz ein paar Wochen in der Wüste, habe Pilze genommen und mir ist eine Lösung erschienen«. Nein, täglich um zehn Uhr vormittags erschien uns Moses Live im Farbfernsehen zur Heiligen Messekonferenz, um den Menschen Information und Zahlen zu spenden. Nach erfolgreichem Dealen mit Viren- und Schädlingsbefall (a. k. a. Biblische Plagen) gründete er auf Erden seine eigene Kirche: das Robert-Koch-Institut. Unter seinem neuen irdischen Pseudonym Prof. Dr. Lothar H. Wieler (wofür steht das H.? Hardcore?) nahm er täglich Platz, legte um kurz vor zehn seine Zehn-Zettel-Gebote auf den Tisch und erklärte, was von nun an ging und was nicht. Zuerst wurde aufgelistet, wie viele Menschen sich angesteckt hatten, wer wieso wo wann womit wie weshalb woran wessen welche wobei wem worüber weswegen wodurch wen worauf warum wie häufig – und zwar exactamente mit bis zu fünf Stellen hinterm Komma. Über Wochen saß ich täglich wie paralysiert vor der Glotze und habe mir das wie hypnotisiert reingezogen. Keine Beschönigung, nur knallharte Fakten, mit Maske, aber ohne Blatt vor dem Mund.

Und Lothar »Moses« Wieler schonte uns nicht. Seine tägliche Einleitung: »Zunächst wieder die Lage weltweit. Stand gestern haben wir XXX Fälle etc.« Meine Frau, meine Tochter und ich saßen mit großen Augen und Ohren vor dem Fernseher. Hinter ihm an der Wand prangte der Slogan: »Evidenz erzeugen – Wissen teilen – Gesundheit schützen und verbessern.« Da waren sogar die Zeugen Jehovas neidisch. »Verdammt, das sollten wir auch auf den Wachtturm schreiben, dann wird das Zeug mal mitgenommen.«

Tja, es ist der richtige Claim, Baby. Der muss kicken. Ich wusste zwar nicht genau, was mit »Evidenz erzeugen« gemeint war, aber ich fand's stark. Ich benutze das jetzt auch. Kürzlich in einem Interview:

»Was haben Sie sich für den Auftritt vorgenommen?«

»Ja, gut, als Erstes, mal wieder Evidenz zu erzeugen.«

Bäm!

Das funktioniert sogar zu Hause.

»Papa, holst du da gerade schon wieder eine Flasche Wein?«

»Nein, ich erzeuge nur Evidenz.«

»Ach so!«

Wir alle hingen an den Lippen des großen Erzählers wie Kinder bei einer gruseligen Gutenachtgeschichte. Die tägliche Horror-Gutervormittaggeschichte.

Anfangs habe ich alles an Corona-Nachrichten angeguckt, jede Meldung aufgesaugt. Ich kannte jede siebte Kommastelle der aktuellen R-Zahl. Damit hätte ich früher bei *Wetten, dass ...?* alles gewonnen. »Ich wette, dass ich den R-Wert von einhundert *ZDF-Fernsehgarten*-Zuschauern nur am Husten erkennen kann.«

Nach drei Wochen habe ich gemerkt, dass mich das alles leicht verrückt macht. Da griff ich schon mal zur CBD-Weißweinflasche und fing an, sie zu streicheln. Seien wir ehrlich: Mit diesem Viren-Shit im Kopf war es auch nichts mit dem normalen Reproduktionswert. Mit anderen Worten: An Sex war nicht zu denken. Kaum hat die Partnerin gestöhnt, wurde man nervös.

»Geht's dir gut?«

»Mach weiter!«

»Aber du schnaufst so komisch!«

»Ich bin gleich damit fertig!«

»Aber dein Asthma?«

»Das ist gerade nicht mein Problem!«

»Huch, du bist ja ganz heiß, du hast Fieber!«

»Nein, ich ... ach, lass es ... ist noch was vom Weißwein da?«

Das dauernde Nachrichtenschauen forderte auch bei anderen seinen Tribut. Jede Skype- oder FaceTime-Session mit Freunden endete mit Zahlenvergleichen und in Endzeitszenarien. Alle waren plötzlich Experten. Vielleicht, weil alle täglich die Tabelle anschauten, die der Bundesländer und die der Welt: Wer ist Tabellenführer und wer ist abstiegsgefährdet in der Corona-Liga? Das war wie beim Sport. Wer viel theoretisches Wissen hat, glaubt auf einmal, dass er mitreden kann. Kaum ist Fußball-WM, haben wir 80 Millionen Bundestrainer. Kaum haben wir Pandemie-WM, haben wir 80 Millionen Chefvirologen.

»Also ich finde ja, Jens Spahn sollte in eine Abwehr-Viererkette und sich nicht vorn als Stürmer aufspielen.«

»Der Kekulé als Torwart hält ja gar nichts.«

»Und Robert Koch ist ein klassischer Zehner.«

Und natürlich gab es auch jede Menge internationaler Vergleiche: »Hey, die Brasilianer greifen die Amerikaner an der Tabellenspitze an.«

»Ja, aber die Amis lassen es einfach laufen, der Bolsonaro macht jetzt aggressives Infektionspressing.«

»Was ist denn mit den Engländern, die waren doch Favoriten.«

»Ja, aber seit der Boris wegen Corona gesperrt wurde, sind die einfach lasch geworden.«

Allerdings gilt auch für das Virusbusiness: Damit jeder zumindest gefühlt Bundestrainer sein kann, brauchst du mindestens einen echten Bundestrainer. Jemanden, der auch bei harten Ansagen immer entspannt wirkt, dem die Spieler vertrauen und der Werbung für Nivea machen kann. Einen Moses, der dich ins gelobte Land führt – oder besser noch: einen Messias ...

Gangsta-Virologen

»Wenn du Feinde hast – gut.
Das heißt, dass du dich
für etwas eingesetzt hast.«
EMINEM

Zurück zum Hot Spot! Zur Plage der Nation! Trommel-wirbel!

Und die Chöre singen für dich …

Denn plötzlich trat ER in unser Leben: Dr. Drosten! Sein Podcast *Das Coronavirus-Update* schoss von null auf eins der Virus-Charts. Und es wurden nur Premium-Hits gespielt wie »Beautiful Infection« oder »R – This Is My Number«. Keine billigen Schlager zur Herdenim-munität wie *Tausendmal berührt* oder der Respiratoren-Klassiker *Atemlos durch die Nacht*.

Wenn mir vor einem Jahr jemand gesagt hätte, dass Virologen mal so beliebt wie Popstars werden würden, hätte ich ihm wahrscheinlich vor Lachen ins Gesicht ge-hustet. Das große Klischee war immer: Das weibliche Geschlecht mag selbstbewusste Typen mit Humor. Jetzt mag es Typen, die bei Claus Kleber den Weltuntergang verkünden. Früher hat man in einer Bar zu einem Mädel gesagt: »Ich bin Komiker!«

»Uh, wie spannend, erzähl mir einen Witz!«

»Warum gibt es mittlerweile mehr Nagelstudios als Friseur-Salons? Ist doch klar: Es gibt auch mehr Finger als Köpfe!«

»Ha, ha, du bist so lustig, lass uns zusammen lachen und Sachen machen.«

Quasi Lach- und Sachgeschichten für Erwachsene. Unter einem Virologen hat man sich früher einen sehr bleichen Menschen in Polyesterhose und Pullunder vorgestellt. Heute flüsterst du zu einer Frau an der Theke:

»Ich bin Virologe!«

»Wow! Willst du mich impfen?«

Sag ich heute, »Ich bin Komiker«, kommt als Antwort: »Was willst du? Hast du überhaupt eine Arbeit?«

Ich nenn mich ab jetzt Witzologe, damit ich ein bisschen Fame abbekomme. Es wird nicht mehr lange dauern, dann haben Virologen Groupies und müssen Masken und Desinfektionssprays signieren. Ohne Scheiß, wenn ich Dr. Drosten wäre, würde ich Platten aufnehmen, und zwar als rappender Gangsta-Virologe.

Statt »Ich ficke deine Mutter!«, hieße es bei mir:

»Ich niese deine Mutter an!«

Dr. Dre Drosten is in da House-Clinic! Feat. Katheter-Kollegahs ... Seine Debütsingles »Son of a Virus Bitch« und »Disinfect me Baby one more Time« würden in rasender Geschwindigkeit alle Radiostationen des Landes anstecken. Plattenverkäufe schössen exponentiell in die Höhe, besonders in den USA. Sein erstes Album *Straight Outta Wuhan* gäbe es nur in ausgewählten Apotheken. Nicht verschreibungspflichtig!

Alles liefe perfekt – bis eines Tages seine Nemesis aus dem Schatten träte ... Professor DJ Kekulé, a. k. a. The Notorious K. E. K. U. L. É. Er würde bei *Hart aber Fair* unerwartet einen Disstrack droppen und Drostens Lyrics vorwerfen, nicht genug Evidenz zu erzeugen.

Ready for the Rap-Battle of the Century? Team Drosten und Kekulé Ultras stehen sich unerbittlich gegenüber. The Notorius K. E. K. U. L. É. eröffnet die Schlacht:

Ey, Drosten, du Pfosten
ich will deinen Posten
steig runter vom Thron
überweis deinen Lohn
Deine Zahlen hab'n Löcher
Schlamperei noch und nöcher
sag nicht nur ich
auch die anderen Bros' da
Schlechte Statistik,
falsche Schlüsse, du Poser!

Sie sag'n alle: Häh?
Was schreibt der Doc da?
Du bist kein Professor,
du bist nur ein Rockstar!
Yo Motherhuster!
Was du da treibst,
das ist Kindergeforsche!
Du bist vielleicht Smart,
aber ich bin ein Porsche.

Wer hat schon im März gerapped
»Masken sind lit!«?
Kekulé – King Cool, ey,
ich bin der Shit!

Und du gibst jetzt Ruhe
mit deinen wacken Pamphleten
Du bist doch ein »Christian«
Geh lieber beten!
Denn von mir steht geschrieben
meine Rhymes sind die besten
Covid 19, Vers sieben
»Gehet hin euch zu testen«

Ich bin der Babo
ich leg die Latte
Du bist der Chabo
ein Stäbchen aus Watte
Und jetzt knie nieder
dann lass ich die Beschimpfung
Denn du bist nur ein Schnelltest
aber ich bin die Impfung!

Der Saal vibriert. Dr. Dre Drosten baut sich auf mit seinem mit Goldketten bedeckten Antioberkörper:

Yo, K. Loser, aufgepasst:
Ich hab 'ne Studie verfasst
und die Virenlast

die ist amtlich, du Spast
Dr. Dro worked die nackten
und die knallharten Fakten
Meine Science ist tight
meine Schlüsse sind right
Du willst mich dissen?
du hast doch kein Wissen!
Veröffentlicht? Niente!
Jede Meldung 'ne Ente
Ich bin Doktor Witch
und du Reichelts Bitch
Virologen sind Waffen
keine Blödzeitungsaffen

Du willst mir droh'n, ah?
Du hast Kinder-Corona
Ich sag's dir mit Härte:
Du bist Fernsehexperte
Es gibt einen, der kann's
und du heulst bei Lanz.
Lallst bei Maybrit in Mainz?
Ich bin Podcast Platz eins!
Schau dich doch nur an, Mann
Dein Gesicht schreit nach Trambahn
einmal rübergefahren
ein Schlagloch mit Haaren
und du machst hier auf Haarspalter
Statistik? Schon klar, Alter!
Argumente so haltbar wie Löcher in Socken

Digga, ich hab Knowledge UND ich hab Locken!
Du lebst ohne Hope
Groß? Nur mit Mikroskop
Ey, du Forschungszwerg,
wo liegt Wittenberg?
Kekulé? Nee! Charitéeee!
Yola Chicas und nun
hab ich Bess'res zu tun.
Berlin Rulez, Baby!

Dieses Battle wurde Ihnen präsentiert von:
ORTHOMOL!

Baustelle an der Wursttheke

»Meine Stadt brennt.
Reicht mir ein Tränendöschen.«
NERO

Ich war beim Metzger und einer der Fleischesser an der Wursttheke – nichts dagegen, bin selbst einer – bestellte 150 Gramm Gelbwurst. Die Fleischwarenfachverkäuferin begann, Scheiben zu schneiden. Gelbwurst – oder wie wir in Bayern sagen: Hirnwurst, man ahnt, was drin ist – ist eine richtige Wurst. Keine weinerliche Fake News wie Bierschinken oder Rindersalami.

Plötzlich erhob der Gelbwurstkunde pathetisch die Stimme: »Heilige Maria, Mutter Gottes, das ist schon alles ein Wahnsinn mit dem Corona, wo wird das alles hinführen, mein Gott, was haben wir denn verbrochen, dass wir so leiden müssen ...«

Es war schrecklich. Den hätten sie selbst in einer Eltern-WhatsApp-Gruppe hochkant rausgeschmissen. Ich mag nicht, wenn Zweibeiner-Carnivoren so rumjammern. Essen sonst Tiere, aber werden weinerlich-emotional, wenn die Fledermaus uns mal was zurückgibt. Die Verkäuferin ignorierte ihn jedoch und konzentrierte sich aufs Schneiden. Damit kam das Klagen zum Glück zum Erliegen. Als sie fertig war, bestellte der Jammerjohann noch zwei Paar Wiener. Ob da wirklich Wiener drin sind, bleibt ein Mysterium aus dem Bermuda-Dreieck des 10. Bezirks. Favoriten beim Fleischer. Eine Wiener ist eine dünne Brühwurst. Was die Wiener vielleicht als solche ganz gut beschreibt. Dann ertönte an der Wursttheke das Grande-Jammer-Finale mit der großen Frage: »Wie lange wird das alles wohl noch dauern?«

Warum die Fleischwarenfachverkäuferin dachte, dass sie diese Frage beantworten muss, wird wohl ein Geheimnis bleiben. Aber sie sagte tatsächlich den Satz: »A bissel wird's schon noch gehen. Mei, Rom ist auch nicht an einem Tag erbaut worden!«

Ich war auf mehreren Ebenen beeindruckt. Respect! The Fleischwarenfuckverkäuferin! Yo! Hatte sie das große oder das kleine Latinum? Dieser epische Ausspruch war auch der Lieblingsspruch meines Geschichtslehrers im Gymnasium. Egal ob er passte oder nicht. Der wurde bei jeder sich bietenden und nicht bietenden Gelegenheit rausgehauen.

»Liebe Schülerinnen und Schüler, merkt euch eins, Rom ist auch nicht an einem Tag erbaut worden.«

Ich wusste nie, sollte das für uns Motivation sein oder uns schlechtes Gewissen machen? Schon die Dimension des Ganzen kam mir seltsam vor. Es ist doch völlig absurd, eine Stadt an einem einzigen Tag bauen zu wollen. Wer jemals seine Wohnung auch nur teilrenoviert hat, der weiß, dass das eine märchenhafte Wunschvorstellung sein dürfte. Und selbst wenn man drei Wünsche zu einem großen zusammenlegen würde, fände man keine Fee, die ihn erfüllen könnte. Aber um es doch mal durchzuspielen: Mal angenommen, die Möglichkeit einer übermenschlichen Ein-Tages-Woche im Baubereich bestünde – dann würde ich diese Handwerker doch sofort buchen. Ich stellte mir einen Anruf bei *One Day Enterprises* vor.

»Guten Tag, wir sind zukünftige Römer.«

»Grüß Gott!«

»Welchen?«

»Den Capo!«

»Ah gut. Sind wir hier richtig bei Junge Römer Co. KG?«

»Ja.«

»Wir hätten da einen ziemlich großen Auftrag.«

»Wir können alles.«

»Sind Sie auch schnell?«

»Scheißt der Himmel Blitze?«

»Hä?«

»Hat der Donner Durchfall?«

»Sie müssten für uns eine Stadt bauen.«

»Kein Problem. Wann?«

»Geht das bis morgen Abend?«

»Geht der Kaiser aufs Klo?«

»Schon.«

»Klaro, können wir machen. Wie soll sie denn heißen?«

»Wer?«

»Die Stadt.«

»Rom.«

»Klingt ja nicht besonders spektakulär.«

»Eja, aber sie wird dafür ja auch nur an einem Tag erbaut.«

»Dann faxt uns den Auftrag mit den ganzen Details durch. Morgen 14 Uhr machen wir dann Richtfest, damit danach die Sanitärer und die Fliesenleger gleich reinkönnen.«

»Verlieren wir mit so einer Hebfeier nicht zu viel Zeit?«

»Meine Jungs können genauso schnell saufen, wie sie bauen können.«

»Okay. Dann bis morgen.«

... Am nächsten Tag ruft dann der Capo an.

»Also bis morgen geht's leider doch nicht, aber vor Weihnachten sind Sie drin.«

»Weihnachten welches Jahr?«

Eine Stimme riss mich aus dem Gespräch. Die Römische Fleischwarenfachverkäuferin schaute mich an.

»Was kriegen Sie denn?«

»Bitte 100 Gramm Hirnwurst!«

Vielleicht hilft's ja doch ...

Coronavengers, Batman
und Super-Sepp

Wo sind eigentlich all die Superhelden hin, die in den vergangenen Jahren überall rumgeflogen sind? Gefühlt lief alle zwei Wochen ein neuer Superhelden-Film im Kino an. Die Avengers und ihre ganze bucklige Verwandtschaft retten dauernd die Welt, die müssten doch auch mit so einem kleinen Virus fertigwerden. Ich bin sauer! Wo ist der Hulk? Für die, die ihn nicht kennen: Der Hulk ist ein Typ und immer, wenn er sauer ist, wird der grün. Wie die SPD. Und wo ist Ant-Man a. k. a. Ameisenmann? Der könnte mit dem bösen Covid-Man locker auf Augenhöhe kämpfen. Der könnte doch so ein Virusteilchen im subatomaren Raum mit bloßem Auge erkennen und ihm eine Spritze mit Desinfektionsmittel setzen. Sagrotan-Injektion – die in einem amerikanischen Solariumsbunker von größenwahnsinnigen Spezialisten entwickelte Geheimwaffe. Amazing!

Viele Superhelden sind doch durch irgendwelche Gamma-Strahlen, Blitzdinger oder radioaktive Überdosen zu Mutanten geworden und haben sich anschließend in bunte abgelegte Spandex-Klamotten von Fahrradkurieren geschmissen und sich wichtig gemacht beim Weltrettungs e. V. Ist niemand dabei, der das Virus bekämpfen kann? Für jeden Nischen-Popelkram gibt's einen Superburschen oder ein Supermädel. Hellboy, zum Lichtmachen, Roter Blitz zum Schnelllaufen, Grüne Laterne zum Grünleuchten. Die beiden Letzteren wären übrigens eine super Ampel!

Mittlerweile bekommen schon Superhelden ihren eigenen Film, die ich nicht mal als Comic gelesen habe. Aquaman. Who the fuck is Aquaman? Der Bademeister unter den Superhelden? Wo war denn der die vergangenen 50 Jahre? Sauna-Aufgießer und Seepferdchen-Dealer in einem Spaßbad in Bottrop? Früher konnte man sich auf Superhelden noch verlassen. Auch konnte man vom Namen ableiten, welche Superkräfte sie haben und wozu sie fähig sind. Superman kann fliegen, Spiderman spinnen, Batman Fledermausen. Wofür braucht man denn einen Wassermann? Wenn beim Finale mal wieder alle Superhelden und die Bösewichte durch die Luft fliegen, Großstadt zerstört, Wolkenkratzer durch die Gegend geschleudert werden – säße da dann Aquaman auf einem Plastikstuhl: »Nicht vom Hochhausrand springen! Hey, ohne Latex-Ganzkörper-Badekappe sofort raus aus dem Wasser!« Aquaman. Was kommt als Nächstes? Gerolsteiner-Woman?

Ich habe mit meiner Tochter mittlerweile alle 23 Filme aus dem Marvel-Universum angeguckt. Wir sind beide große Fans. Sie hat schon zu Beginn der Pandemie gesagt: »Jetzt brauchten wir die Avengers.«

»Welcher Avenger wäre denn der beste, um die Welt zu retten?«

»Captain America, den mag ich am liebsten.«

Captain America. Der hat leider gerade eine multilaterale Auszeit. Captain America – von dem Namen lassen sich zum Beispiel keine Superkräfte ableiten. Was kann denn ein Captain America? Burger essen, fett werden, Länder überfallen? Theoretisch könnte nach dem Prinzip jedes Funzel-Land daherkommen und sich seinen eigenen Superhelden machen: »Captain Liechtenstein, Captain Österreich, Käpt'n Iglo.«

In der weltweiten Corona-Krise gibt es einen Superhelden, der gar nicht mehr geht: Batman. Der hat gerade die Arschkarte gezogen. Denn es heißt ja, dass Corona von der Fledermaus kommt. Deswegen ist der jetzt raus! Man hat von tragischen Zwischenfällen gehört. Batman will jemand retten, der gerade überfallen wird. Batman schwingt sich dazwischen: »Ihr Ganoven, lasst den Mann in Ruhe, sonst werde ich euch wehtun!«

Aber der Überfallene freut sich nicht über den Einsatz des schwarzen Flatterers: »Verdammt, ist das eine Fledermaus? Gehst du weg!«

Batman will ihn mit seiner metallisch klingenden verzerrten Stimme beruhigen: »Nein, ich bin der Batman.«

»Ist das an deinem Mund ein Respirator?«

»Nein, das ist nur ein Stimmverzerrer.«

»Du klingst doch krank?«

Und damit weiß er gar nicht, wie recht er hat. Batman hat ein großes psychisches Problem. Der aktuelle Batman ist nicht mehr der coole Christian-Bale-The-Dark-Night-Rises-Batman, sondern der neue Weichei-Depri-

Jammer-weinerlich-Ben-Affleck-Batman. Der geht gar nicht! In *Batman vs. Superman* hat der nur rumgejammert. Wir haben uns auf den Kampf des Jahrhunderts gefreut, aber Batman säuselte dauernd in seinen halb respiratorischen Stimmverzerrer: »Mööö, Superman ist böse, mööö, ich muss Superman töten, möööö, weil Superman glaubt, er sei ein Gott.«

Meine Tochter fragte mich: »Hat der Liebeskummer?«

»Ja, auf eine Art schon, die waren ja mal Freunde.«

»Die beiden waren ein Paar?«

»Also jetzt nicht wie Mama und Papa.«

»Freunde von uns sind ja auch als Männer verheiratet.«

»Stimmt. Dann wär's in dem Fall eine Superhomoehe.«

»Papa, ich bin froh, dass Batman seinen Stimmverzerrer eingeschaltet hat. Sonst würde der wie Pumuckl klingen: Huhuuu, Superman neckt, Superman versteckt!!!«

»Aber, Lilly, ist dir aufgefallen, dass der Superman in dem Film auch nachdenklich und voller Selbstzweifel ist? Er sagt zum Beispiel: Die Menschen mögen mich nur, weil ich fliegen kann.«

»Ach, Papa, der soll nicht rumheulen und losfliegen, Maikäfer können's auch!«

»Genau! Demnächst kommt der Batman noch an: ›Gotham City muss sich selbst helfen, weil mein Robin, mein Therapeut, gesagt hat, ich muss mich mal wieder mehr um mich selbst kümmern.‹«

Der hat den Bat-Burnout! Und das darf man den Bösewichten nicht erzählen. Dann nimmt den keiner mehr ernst. Der Joker zum Beispiel wäre ihm dann psychologisch weit überlegen. Wenn Batman einflöge, würde das so enden:

»Hallo, Joker, ich werde dich töten!«

»Hihihihi, Batman, hihi, Batman, du schaust aber gar nicht gut aus, hihihi!«

»Ja, ich fühl mich auch so, buhuhuhuuu!«

Die Superhelden sind also raus. Vielleicht brauchen wir im Kampf gegen den unsichtbaren Aerosol-Viren-Gegner einen realen übermenschlichen Helden: Chuck Norris! Ja, *der* Chuck Norris. Lasst uns kurz seine Heldenliederwitze anstimmen. Erst den Klassiker für alle Männer in der Midlife Crisis: »Chuck Norris isst keinen Honig, er kaut Bienen!«

Dann noch ein paar allgemeine Lobwitzpreisungen.

»Chuck Norris hat die Schlümpfe blau geprügelt und ist dann nach Avatar weitergeflogen!«

»Der Blinddarm von Chuck Norris kann sehen!«

Der Norris Chuck ist vor Kurzem 80 Jahre alt geworden. Also volle Risikogruppe. Und nicht aufgerundet! Aber dem kann so was nichts anhaben. Dummerweise kann Chuck Norris uns im Moment nicht helfen, denn der macht gerade Wellness in Wuhan.

Dann müssen wir einfach kreativ sein. Kreieren wir uns einfach einen Helden für diese Zeit. Einen, der allen virologischen und politisch-gesellschaftlichen Herausforderungen gewachsen ist. Schließlich bekommt jede gesellschaftliche Gruppe mittlerweile ihren eigenen Superhelden. Für die Frauen gibt's Wonderwoman, für die Schwarzen Black Panther, für die Bienenstreichler Antman & the Wasp. So fordere ich nun auch einen für uns Bayern. Jawoll! Wir brauchen einen Bayerischen Superhelden! Und wir nennen ihn Super-Sepp! Die Menschen werden fragen: »Was kann der Super-Sepp?«

»Ois!«

»Was, alles?«

»Olles hoit!«

»Kann er schnell laufen?«

»Ach geh, des braucht koa Sau!«

»Kann er Blitze schleudern?«

»So ein Schmarrn.«

»Kann er fliegen?«

»Ja, mit Lufthansa!«

»Aber hat denn der Super-Sepp irgendwelche übermenschlichen Fähigkeiten?«

»Ja, freilich. Der kann mit fünf Maß Bier und einer Flasche Obstler noch Auto fahrn! Und is jetzt Ministerpräsident!«

Ich möchte, dass der Kanzlerkandidat, äh Super-Sepp, im Film von Jason Momoa gespielt wird. Der ist eigentlich Aquaman, aber eine geile Drecksau. Bin neidisch, gebe ich zu. Als wir vor Kurzem dann doch *Aquaman* angeguckt haben, war meine Frau hin und weg. Von wegen Bademeister.

»Wow! Der ist schon ganz schön sexy! Und der hat einen Wahnsinns-Body, und die ganzen Tattoos, cool!«

Meine Tochter war leicht verwirrt: »Mama, gefällt der dir wirklich so gut?«

»Yep! Aber eigentlich steh ich ja gar nicht so auf Muskeln.«

»Sonst hättest du ja auch nicht den Papa geheiratet.«

»Der Papa hat andere Qualitäten.«

Ich kam mir vor wie so ein Beistelltisch einer alten Tante, den man nur hinstellt, damit der Teppich nicht wegrutscht, und habe mich eingemischt: »Da würde ich jetzt aber auch sehr gern mal wissen: *welche* Qualitäten.«

Meine Tochter grätschte dazwischen: »Dein Humor kann's ja nicht sein. Ha, ha.«

Bevor ich hoffentlich bald als Komiker Systemrelevanz erreiche, wäre ich froh, etwas mehr Familienrelevanz zugesprochen zu bekommen ...

The Masked Comedian

Die meistgestellte Frage in allen Interviews der vergangenen Monate: »Herr Mittermeier, ist denn Humor in der Krise besonders wichtig?« Schon die Frage ist so deutsch, dass es mir die weißen Socken auszieht. Meine Standardantwort darauf ist: »Humor ist immer wichtig.« Ich zitiere Joachim Ringelnatz: »Humor ist der Knopf, der verhindert, dass uns der Kragen platzt.«

Leider ist der Knopf in der Corona-Zeit abgefallen und wurde erst mal nicht wieder angenäht. Wir Komiker und Komikerinnen wurden zusammen mit dem ganzen Kulturbetrieb von offizieller Seite als »am ehesten verzichtbar« in die Ecke gestellt. Gerade stehen, nicht schwätzen! Folglich bin ich als Humorschaffender nicht mal ansatzweise systemrelevant.

Gut, wir Deutsche haben generell ein etwas schizophrenes Verhältnis zu Humor. Das erkennt man schon daran, dass in Deutschland die Berufsbezeichnung »Du Komiker!« auch als Schimpfwort benutzt wird. Und ich nehme das persönlich. In den USA oder England würde nie jemand zum anderen sagen: »You comedian!« Und wenn, dann bedankt sich der andere für das tolle Kompliment. Keinerlei negative Konnotation. Und bei dem

Wort »Unterhaltung« werden bei uns alle nervös, ist ja kein Kabarett. Mal aufgefallen, dass darin das Wort »Haltung« enthalten ist?

Ich hatte mal einen Blackout und habe nachgeforscht, woher diese latente Humorallergie kommt. Klassische Lachtose-Intoleranz. Schon die deutsche Sprache spiegelt diesen Zwiespalt wider. Alle Sprichwörter zum Thema Humor sind negativ formuliert. Eine kleine repräsentative unrepräsentative Auswahl:

Spaß muss sein!

Wer zuletzt lacht, lacht am besten!

Jetzt ist Schluss mit lustig!

Scherz beiseite!

Humor ist, wenn man trotzdem lacht!

Sich totlachen!

Vergnügungssteuer

Ihr wollt ein bisschen mehr Komplexität? Gern:

Witz komm raus, du bist umzingelt!

Da lachen ja die Hühner!

Hoffentlich biologische Bodenunterhaltung.

Und wenn durch den Hühnerstall auch noch Oma, die alte Umweltsau, fährt, dann stehst du in Deutschland kurz vorm Bürgerkrieg.

Und zum Abschluss der allseits lustige Lockdown-Kracher:

Zum Lachen in den Keller gehen!

Ein Satz, der in Österreich nicht mehr geht. Oh – ging der jetzt zu weit? Ich glaube, nicht. Ein Ösi hat mal zu mir während einer Vorstellung gesagt: »Wir Österreicher sind nicht alle Keller!« Inhaltlich und grammatikalisch im Bereich von Glaube – Liebe – Hoffnung.

In dieser Zeit gibt es eine gute Devise: Wir müssen uns unseren Humor bewahren. Denn ohne wird es dunkel im Gemüt und das Herz wird schwer. Humor ist fürs Immunsystem die beste Direkthilfe. Da braucht man vorher noch nicht mal Betriebskosten anzugeben! Lachen ist lebenswichtig. Die Sache ist zu ernst, um nicht auch mal laut loszulachen.

Wir alle müssen uns in dieser Zeit unseren Humor bewahren! Auch im Supermarkt. Das galt vor Corona und das gilt heute. Ich erinnere mich zum Beispiel an die Zeit davor, als mich meine Frau losgeschickt hat und mir auftrug, Öl zu kaufen. Also nicht: »Flieg nach Texas und bring ein paar Barrel mit.« Nein, Salatöl. Ich dachte: Kein Problem. Aber: Im Supermarkt sah das anders aus. Es gibt mittlerweile zwei Regale voller Öle. Und jedes einzelne steht da nicht nur einmal, sondern in drei verschiedenen Editionen: Nativ, raffiniert, kalt gepresst von apulischen Jungfrauen zwischen ihren unschuldigen Schenkeln. Früher in meiner Jugend gab es nur ein Öl. Das hat man in den Salat und ins Mofa gekippt. Da stand Livio drauf, was auch immer das war.

Kurz nach Einführung der Maskenpflicht machte ich meine übliche Einkaufstour. Erst zum Bäcker, dann weiter zum kleinen örtlichen Supermarkt. Support your local Dealers. Aber eben auch mal ohne Drogen. Beim Bäcker lief alles gut. Rein, Brot Brezen gecheckt – The

Masked Comedian hat seinen Job getan. Kurz vor der Mittagspause war ich dann im Supermarkt. Einkaufs- wagen und schnell los. Aber, egal auf wen ich traf, alle guckten mich erschrocken oder böse an. Was war los? Je weiter ich vordrang, desto empörter wurden die Bli- cke. Hatte ich keine Hose an? Oder war vielleicht in den Tagen zuvor ein kontroverser Auftritt im Fernsehen oder Radio gelaufen? Es war ein Spießrutenlaufen. Ich nahm die Challenge an und lächelte einfach alle an. Was es aber noch schlimmer machte.

Ich erreichte die Wursttheke, das fleischliche Ende der Nahrungskette. Eine Mutter mit Kind stand gerade bei der Gesichtswurst-Verteilung. Das Kind guckte mich an und schrie ängstlich: »Mami, Mami, der Mann da!« Die Mutter hielt sich mit entsetztem Blick die Hand vor den Mund – Huch –, ich wiederholte die Geste, um sie nachzuahmen – Doppel-Huch – Shit: Ich bemerkte: Ich hatte meine Maske vergessen. Tipp: Mach in so einer Si- tuation keinen lustigen Spruch. Nein! Nie! Da kommst du mit Humor nicht weiter. Das ist kontraproduktiv. Du darfst in dem Moment nicht so einen raushauen wie: »Hoho, bin ich hier der Einzige, der den Supermarkt nicht ausrauben will?«

Gut, ich hab's gesagt. Und bin dann sofort raus zum Auto gelaufen, um die Maske zu holen. Drinnen wurde ich als einer der Ihrigen erkannt und fiel nicht mehr weiter auf. So wie wenn man sich unter Zombies mischt und sich vorher mit Blut und Gedärmen eingerieben hat. Keiner will dich mehr essen. Als ich später beim Waschmittel stand, hörte ich vom Nachbarregal zwei Kunden laut miteinander reden. Die wussten nicht, dass ich mich in Hörweite befand: »Hey, hast das g'sehn? Der Typ ohne Maske, das war der Mittermeier!«

»Ja, mei, der wollt' halt auch mal wieder erkannt werden!«

Und ich fürchte: Er hatte recht. Werner Finck, einer der größten deutschen Komiker hat mal gesagt: »Die schwierigste Turnübung ist immer noch, sich selbst auf den Arm zu nehmen.« Yep, so ist es. Wenn ihr mal auf der Straße einer Komikerin oder einem Komiker begegnet, nehmt sie oder ihn einfach fest in den Arm.

Ihr werdet einen komischen Menschen sehr glücklich machen und euch vielleicht auch.

Jetzt ist aber Schluss, Corona!

»Von Mama habe ich das Herz und
von dir habe ich die Scherze.«
LILLY MITTERMEIER

Ich habe meine Tochter gefragt: »Was meinst du, wer oder was ist an alldem schuld, was grade passiert? Woher kommt Corona?«

»Manche glauben, die Illuminati haben es erfunden, ich glaube, es ist vielleicht eine Verschwörung der Klopapierindustrie.«

»Was?«

»Ja, Papa, ich habe gelesen: Folge immer dem Geld!«

Hm. Wenn ich das mache, treffe ich nicht auf den Charming Bär, sondern komme zu einem anderen Ergebnis. Wer profitiert denn am meisten von der Krise? Streamingdienste! Netflix, Amazon und pünktlich zur Einführung der Ausgangsbeschränkungen ging Disney+ auf Sendung. Zufall? Die haben gleich damit geworben, dass sie für die Familien bald den Blockbuster *Die Eiskönigin / Frozen 2* streamen werden. Ich war sofort skeptisch: Man soll Sachen nie zweimal einfrieren. Dann wird's schlecht.

Wie wird es weitergehen? Kommt vielleicht ein neues Virus? Das stammt dann vielleicht nicht von der Fledermaus ab, sondern vom Nacktmull. Dann müsste wenigstens kein Superheld drunter leiden ...

Das menschliche Leid und die politischen und wirtschaftlichen Dimensionen der Pandemie sind mir sehr bewusst. Und mir ist klar: Nicht jeder konnte um 12:40 Uhr Weißwein zum Feierabend trinken – viele Menschen waren und sind jeden Tag unmittelbar mit den Auswirkungen konfrontiert, zum Beispiel im Altersheim oder Krankenhaus. Wir können ihnen allen gar nicht genug danken.

Trotzdem habe ich mich in diesem Buch auf die heiteren, schrägen Aspekte konzentriert. Selbst in sehr dunklen Stunden in Italien gab es diese lichten, leichten Momente, in denen die Menschen mit lachenden Gesichtern auf den Balkonen gesungen haben, auch um mit dieser schwierigen Phase umzugehen. Und Unterhaltung ist mein Beruf, Leute zum Lachen zu bringen meine Berufung. Das macht mich glücklich und ist mein triftiger Grund, das Haus zu verlassen! Und wenn es – das Publikum – dich dann einmal anlächelt ...

Was bleibt übrig? Ich hatte eine gute und eine schlechte Zeit. Ich konnte nicht auftreten, aber als Familie sind wir noch enger zusammengewachsen und haben uns in dieser Zeit sehr gespürt und genossen. Das wird immer im Herzen bleiben. Trotzdem war es schräg, wie in einem schlechten Horrorfilm. Man lacht zusammen, aber draußen ums Eck lauert Es. Ich habe etwas gebraucht, bis ich damit umgehen konnte, dass ich mir Sorgen gemacht und gleichzeitig auch Momente genossen habe.

Meine Familie ist mein Zentrum. Wir haben zusammengehalten. Und ich finde auch, dass wir in Deutschland ganz gut zusammengehalten und aufeinander aufgepasst haben. Den Gedanken daran finde ich schön. Trotz aller gewaltigen Einschränkungen und Veränderungen. Ich hoffe, es wird uns verändern.

Wann die Pandemie endet, weiß ich nicht, wie das Buch endet, aber schon:

»So, meine geliebte Tochter, ich möchte dir das Schlusswort überlassen.«

»Danke!«

»Ja, und?«

»Mir geht's gut, ich werde überleben, weil ich Orthomol nehme.«

Dank

Ich danke allen, die mir dabei geholfen haben, dieses Buch in Lichtgeschwindigkeit zu schreiben:

Martin Breitfeld, Steffi Rinsche, Sven »Gangsta« Kemmler, Micky Beisenherz, David Mellein, Astrid Eckstein, Heiko Neumann, dem gesamten KiWi-Team, meinem zweiten Ich, das einfach nicht mehr geschlafen hat, Gudrun, für all die Liebe und Inspiration.

Und last but not least: Lilly – unsere Gespräche haben mich bewegt, inspiriert, zum Lachen gebracht; sie haben mein Herz geöffnet!

Mehr davon bei mir auf YouTube und Instagram:

#synapsenmikado – Gespräche mit einer 12-Jährigen.

Der etwas andere Blick auf die Welt!

… Bitte bleibt alle gesund und haltet einander fest!

Das Buch

Auftrittsverbot? Ein Albtraum für Komiker – die Pointen müssen raus! Michael Mittermeier erzählt wahre und saulustige Geschichten aus der Zeit der Pandemie: warum seine Tochter nicht mehr will, dass er bei den Mathehausaufgaben hilft, weshalb es kein gutes Zeichen ist, wenn der Paketbote nicht mehr klingelt, und was passiert, wenn in Rheinland-Pfalz die Bordelle wieder aufmachen.

Die Krise stellt uns alle vor neue Fragen – und der Autor beantwortet sie mit Maske, aber ohne Blatt vor dem Mund: Wie erkennt man, ob die Zuschauer im Autokino lachen? Ist es für Prominente vorteilhaft, mit Maske einkaufen zu gehen? Soll man kurz nach Mittag schon einen Feierabend-Wein trinken? Und: Was machen wir jetzt mit der ganzen Hefe?

Ob Sie es nun wirklich hatten oder nicht: Dieses Buch liefert genügend humoristische Antikörper, um den nächsten Lockdown locker zu überstehen.

Der Autor

Michael Mittermeier, geboren 1966, hat mit seinen Soloprogrammen »Zapped«, »Back to Life«, »Paranoid«, »Safari«, »Achtung, Baby!«, »Blackout«, »Wild« und »Lucky Punch« Millionen Zuschauer in Deutschland, Österreich und der Schweiz begeistert. Seit vielen Jahren spielt er seine englischsprachigen Programme erfolgreich in aller Welt. Seine Bücher »Achtung Baby!« und »Die Welt für Anfänger« standen monatelang auf der SPIEGEL-Bestsellerliste.

Aus Verantwortung für die Umwelt hat sich der *Verlag Kiepenheuer & Witsch* zu einer nachhaltigen Buchproduktion verpflichtet. Der bewusste Umgang mit unseren Ressourcen, der Schutz unseres Klimas und der Natur gehören zu unseren obersten Unternehmenszielen.
Gemeinsam mit unseren Partnern und Lieferanten setzen wir uns für eine klimaneutrale Buchproduktion ein, die den Erwerb von Klimazertifikaten zur Kompensation des CO_2-Ausstoßes einschließt.

Weitere Informationen finden Sie unter:
www.klimaneutralerverlag.de

Verlag Kiepenheuer & Witsch, FSC® N001512

2. Auflage 2020

Covergestaltung: Sabine Kwauka, München
Covermotive: © Olaf Heine
Emojis unverandert von Twemoji (https://github.com/twitter/twemoji), © 2019 Twitter, Inc and other contributors. Lizenziert unter CC-BY 4.0 (https://creativecommons.org/licenses/by/4.0/)
Gesetzt aus der Capitolina und der Ronnia
Satz: Buch-Werkstatt GmbH, Bad Aibling
Druck und Bindung: CPI books GmbH, Leck
ISBN 978-3-462-00155-6

ACHTUNG
BABY!

MICHAEL
MITTERMEIER

KiWi
PAPERBACK

Jahrelang hat Michael Mittermeier auf der Bühne Späße
über junge Eltern gemacht. Dann ist er selbst Vater geworden. Wie seine Tochter sein Leben verändert und worüber
er jetzt lacht, erzählt er in diesem Buch.

»Mittermeier schreibt in dem Stil, mit dem er live zum besten deutschsprachigen Comedian avancierte: intelligent,
gewitzt und immer wieder überraschend. Er lässt die Leser
teilhaben an seinem fabelhaftesten Abenteuer.« *Die Welt*

Wenn ein Bayer anfängt, die Welt zu entdecken, ist das sehr komisch – für die Welt! Seit Michael Mittermeier denken kann, ist er Anfänger, daheim und unterwegs. Der erste Schultag, das erste Mal, der erste Urlaub als Paar – alles ging gleich ohne Probe los. Die ersten Auftritte – zunächst in Bayern und dann in aller Welt. In diesem Buch erzählt Michael Mittermeier die schönsten, schrägsten und lustigsten Geschichten aus seinem Leben als Anfänger.